产教融合背景下职业教育服务乡村振兴

的内在逻辑与实现机制研究

| 张振华　著 |

经济日报出版社

北京

图书在版编目（CIP）数据

产教融合背景下职业教育服务乡村振兴的内在逻辑与实现机制研究 / 张振华著 . -- 北京：经济日报出版社，2024.9

ISBN 978-7-5196-1414-0

I . ① 产 ... Ⅱ . ① 张 ... Ⅲ . ① 职业教育 – 作用 – 农村 – 社会主义建设 – 研究 – 中国 IV. ① G719.2 ② F320.3

中国国家版本馆 CIP 数据核字（2023）第 256534 号

产教融合背景下职业教育服务乡村振兴的内在逻辑与实现机制研究
CHANJIAO RONGHE BEIJINGXIA ZHIYE JIAOYU FUWU XIANGCUN ZHENXING
DE NEIZAI LUOJI YU SHIXIAN JIZHI YANJIU

张振华　　著

出　　版：经济日报出版社
地　　址：北京市西城区白纸坊东街 2 号 A 座综合楼 710（邮政编码：100054）
经　　销：全国新华书店
印　　刷：三河市龙大印装有限公司
开　　本：710mm×1000mm　1/16
印　　张：13
字　　数：200 千字
版　　次：2024 年 9 月第 1 版
印　　次：2024 年 9 月第 1 次印刷
定　　价：78.00 元

　　基金项目：河南省哲学社会科学规划一般项目"产教融合背景下职业教育服务河南乡村振兴产业振兴的内在逻辑与实现机制研究"（编号：2021BJY027）；2023 年度河南省高等学校重点科研项目指导计划项目"供给侧改革背景下高职教育服务河南省乡村振兴战略的实现路径研究"（编号：23B880044）；河南省教育科学规划 2023 年度一般课题"'四链融合'背景下职业教育高质量赋能乡村振兴策略与路径研究"（编号：2023YB0452）；河南应用技术职业学院社科项目"产教融合背景下高职教育服务乡村振兴战略路径研究"（编号：2022-SK-YB-38）；河南应用技术职业学院"四位一体"实践教学创新团队阶段性研究成果。

目 录

参考文献

绪 论

问题缘起：职业教育与乡村振兴战略的耦合关系

一、研究背景与意义

（一）研究背景

民族要复兴，乡村必振兴。"三农"问题是中国现代化建设的根本问题。2017年，党的十九大提出中国特色社会主义进入新时代，并且针对农业、农村、农民问题提出实施乡村振兴的重大战略。职业教育为我国各行各业的发展提供了人才保障，为国计民生、经济发展作出了巨大贡献。近年来，党和国家立足新战略，大力发展现代职业教育。职业教育作为与普通教育同等重要的教育类型，承担着直接服务产业发展的重要使命。习近平总书记作出"抓好教育是扶贫开发的根本大计"的重大论断，他在中央扶贫开发工作会议上明确指出，"脱贫攻坚期内，职业教育培训要重点做好。一个贫困家庭的孩子如果能接受职业教育，掌握一技之长，能就业，这一户脱贫就有希望了"。2016年，他在安徽指出，"要做好教育扶贫，不能让孩子们输在起跑线上，教育跟不上，世世代代都会落后，学一技之长才能有更好保障"。2020年，习主席在第三次中央新疆工作座谈会上指出，"要健全完善防止返贫监测和帮扶制度机制，接续推进全面脱贫与乡村振兴有机衔接，着重增强内生发展动力和发展活力，确保脱贫后能发展、可持续"。职业教育作为培养高素质技术技能人才的主渠道，在培养农业农村所需要的技术技能人才方面发挥着日益重要的作用。

1. 乡村振兴战略的提出

（1）中共中央历来对"三农"问题十分重视

中国的改革事业最早源于农村，具体来说是安徽省小岗村为我国改革开放带来了一声春雷。改革开放以来，围绕农业、农村、农民问题，中央出台了一系列重要政策文件，包括数个中央全会文件和十多个中央"一号文件"。农业、农村、农民问题历来是我国革命、建设、改革和发展中关系国计民生的根本性问题，党和国家一直以来都高度重视"三农"问题——自 1982 年到 1986 年，由党中央批转《全国农村工作会议纪要》，到发布《关于 1986 年农村工作的部署》，连续五年中央一号文件都是以"三农"为主题，从 1982 年的正式承认包产到户的合法性开启农村发展改革，到 1986 年"摆正农业在国民经济中的地位"，不断对我国农业发展、农村改革和农业地位等众多基础性、关键性工作进行详细部署。

时隔 18 年之后，中共中央在 2004 年 2 月 9 日出台了《中共中央 国务院关于促进农民增加收入若干政策的意见》，强调要"促进农民增加收入"。再到 2018 年下发《中共中央 国务院关于实施乡村振兴战略的意见》，对乡村振兴进行战略部署，开启了中国农业、农村、农民的"乡村振兴时代"。"乡村振兴时代"开启后，自 2019 年至 2023 年的中央一号文件都是围绕全面推进乡村振兴与脱贫攻坚有效衔接与加快农业农村现代化建设进行部署安排，为建设中国特色社会主义现代化农业强国而团结奋斗。

（2）乡村振兴战略的内涵

2017 年，党的十九大报告中提出要实施乡村振兴战略，并把其写入党章，这在我国"三农"发展进程中具有划时代的里程碑意义。这是基于中国特色社会主义进入新时代和社会主要矛盾转化作出的重大判断和战略安排。乡村振兴战略不仅是以习近平同志为核心的党中央对我国城乡关系深刻变化和农业农村发展现代化建设的深刻认识和重大部署，是建设新时代中国特色社会主义的必然要求，是决胜全面建成小康社会、全面建设社会主义现代化国家的重大历史任务，也是新时代做好"三农"工作的新旗帜和总抓手。在实施战略上，乡村振兴战略是一个完整、宏大的战略体系，党的十九大报告中提出，实施乡村振兴战略，"要坚持农业农村优先发展，按照产业兴旺、生态宜居、乡风文明、治理有效、生活富裕的总要求，建立健全城乡融合发展体制机制和政策体系，加快推进农业农村现代化"[①]。这表明乡村振兴战略是基于新时代新征程发展现状的基础上，立足于党领导全国各族人民迈向新发展阶段的战略性举措，涵盖整体战略、实施策略，具有重大战略意义。

党的十九大之后的第一个中央一号文件《关于实施乡村振兴战略的意见》就对乡村振兴战略进行了全面的安排和部署，这是进一步贯彻落实党的十九大作出的重大决策部署的重大举措。《意见》提出了乡村振兴战略的总要求是产业兴旺、生态宜居、乡风文明、治理有效、生活富裕，设计了"三步走"战略安排（见图0-1）。提出了乡村振兴战略的基本原则是坚持党管农村工作、坚持农业农村优先发展等一系列战略措施。

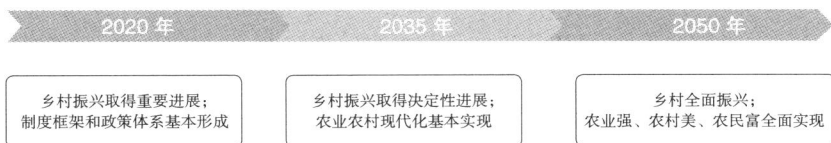

2020 年	2035 年	2050 年
乡村振兴取得重要进展；制度框架和政策体系基本形成	乡村振兴取得决定性进展；农业农村现代化基本实现	乡村全面振兴；农业强、农村美、农民富全面实现

图 0-1 乡村振兴"三步走"战略安排

为了保障乡村振兴战略的有效贯彻实施和强化乡村振兴法治保障，2021年4月29日颁布了《中华人民共和国乡村振兴促进法》，为乡村振兴战略的有效推进和实施提供了法律保障，也是新时代做好"三农"工作的法律依托，为乡村振兴战略的连续性开展、稳定性推进和权威性实施提供了强有力的法治保障。同时，《中华人民共和国乡村振兴促进法》作为农业农村法律体系的重要组成部分，为我国农业法律体系逐步完善作出了重要支撑，标志着我国乡村振兴战略实现了有法

---

① 习近平．决胜全面建成小康社会 夺取新时代中国特色社会主义伟大胜利——在中国共产党第十九次全国代表大会上的报告 [EB/OL].https：//www.gov.cn/zhuanti/2017-10/27/content_5234876.html.

可依、依法实施的重要地位。

2. 职业教育的功能和定位是服务乡村振兴战略的基础

职业教育是国民教育体系和人力资源开发的重要组成部分。"职业教育是指为了培养高素质技术技能人才，使受教育者具备从事某种职业或者实现职业发展所需要的职业道德、科学文化与专业知识、技术技能等职业综合素质和行动能力而实施的教育，包括职业学校教育和职业培训。"① 党的二十大报告提出，"教育、科技、人才是全面建设社会主义现代化国家的基础性、战略性支撑。必须坚持科技是第一生产力、人才是第一资源、创新是第一动力"。职业教育本就是与一个国家的经济发展水平紧密联系的教育类型，其目标就是要培养从事生产、经营、管理的高技能专门人才。2022 年《中华人民共和国职业教育法》修订，为职业教育的功能、定位及其发展方向提供了法律支撑。

联合国教科文组织在《修订的关于技术和职业教育的建议书（2001 年）》中提出，应当将技术和职业教育视为"有助于减轻贫困的一种方法"。改革开放以来，我国职业教育改革发展取得了巨大成就，尤其是高等职业教育快速发展，职业院校基础能力显著提高，产教结合、校企合作不断深入，行业企业参与不断加强，服务经济社会水平和能力显著提升，呈现良好态势。我国进入脱贫攻坚阶段后，高职教育作为高等教育的社会服务功能不断地被强化。《现代职业教育体系建设规划（2014—2020 年）》中明确指出，随着新型工业化的推进和科学技术的发展，现代职业教育体系越来越成为国家竞争力的重要支撑。《国务院办公厅关于深化产教融合的若干意见》（国办发〔2017〕95 号）中提出，要面向脱贫攻坚主战场，积极推进贫困地区学生到城市优质职业学校就学。加强东部对口西部、城市支援农村职业教育扶贫。近年来，我国对高职教育的改革发展也在不断地加大政策扶持和资金支持力度。2018 年，党中央、国务院对职业教育改革发展的政策频频出台，先是在 11 月 14 日召开的中央全面深化改革委员会第五次会议通过了《国家职业教育改革实施方案》，国务院紧接着在 11 月 20 日就下发了《国务院职业教育工作

---

① 中华人民共和国职业教育法 [EB/OLhttp：//www.moe.gov.cn/jyb_sjzl/sjzl_zcfg/zcfg_jyfl/202204/t20220421_620064.html.

部级联席会议制度》，由国务院分管教育工作的领导同志担任联席会议召集人，联席会议成员由教育部、发展改革委、工业和信息化部、财政部、人力资源和社会保障部、农业农村部、国资委、税务总局、扶贫办9个部门和单位组成，其领导级别之高、涉及部门之广、承担职能之多，在我国教育史上是具有创新意义的一项举措。习近平总书记强调，要把职业教育摆在更加突出的位置。2022年，新修订的《中华人民共和国职业教育法》正式实施，对职业教育服务社会的功能进一步明确。

3. 乡村振兴战略与职业教育之间的耦合关系

在乡村振兴战略的大背景下，高职教育和农村职业教育的核心内涵是什么？高职教育在服务乡村振兴战略中应发挥什么作用？相对于农村职业教育而言有何优势？二者在服务乡村振兴战略中的作用角色是什么？如何利用高职教育的优势更好地服务乡村振兴战略？又存在哪些问题？基于这样的追问，本研究从实践研究视角出发，基于能力贫困和内生发展理论，分析职业教育与乡村振兴战略实施路径的耦合关系，提出职业教育服务乡村振兴战略的优化途径和策略，并通过问题反思，尝试提出"后扶贫时代"职业教育服务乡村振兴战略长效模式。以期能为其他地区的职业教育更好地服务乡村振兴战略提供借鉴。

职业教育的目标是培养高技能人才，服务区域经济。党的二十大报告提出，要"统筹职业教育、高等教育、继续教育协同创新，推进职普融通、产教融合、科教融汇，优化职业教育类型定位"[①]。中共中央办公厅、国务院办公厅在2022年12月下发的《关于深化现代职业教育体系建设改革的意见》中明确提出，要"坚持以教促产、以产助教、产教融合、产学合作，延伸教育链、服务产业链、支撑供应链、打造人才链、提升价值链，推动形成同市场需求相适应、同产业结构相匹配的现代职业教育结构和区域布局"，在全面推进乡村振兴战略中探索建立省域现代职业教育体系建设新模式。

---

① 习近平.高举中国特色社会主义伟大旗帜 为全面建设社会主义现代化国家而团结奋斗——在中国共产党第二十次全国代表大会上的报告 EB/OL].https：//www.gov.cn/xinwen/2022–10/25/content_5721685.htm,

职业院校校企合作和产教融合的办学模式与产业经济联系更为直接和密切，具有开放性、社会性和融合性等特点。因此，在乡村振兴战略中，职业教育更能发挥培养知识型、技能型、创新型乡村振兴建设队伍和新型职业农民的优势，在构建乡村振兴中，各类产业及其融合发展体系、促进农村劳动力转移就业和农民增收等方面的功能和作用也不断得以彰显。因此，职业教育与乡村振兴战略之间有密切的耦合关系。

党的十九大报告中提出的乡村振兴战略包括产业、文化、人才、生态和组织五大振兴。职业教育的"天选"使命就是服务区域经济社会发展。因此，乡村振兴战略的实施，离不开教育的扶持，尤其是职业教育的各项支持。职业教育通过其功能外化表征的教育服务，直接或间接地作用并影响着乡村振兴，而受其产品属性的公共性特质影响，职业教育的这种服务功能，又内在地涵盖了公利性与公益性特征。

一方面，职业教育服务具有公利性，主要指向相关利益主体的共同利益，使利益得到有效协调并推进利益的最大化实现。在职业教育作用于乡村产业振兴的过程中，这种公利性主要表现为职业教育能够有效协同政府、农民、村级组织、企业、农村职业学校等乡村产业振兴主体，在维护和协调共同利益的基础上，有效实现各方主体资源的优化整合与高效利用，从而助推公共利益的最大化实现。

另一方面，职业教育服务具有公益性，主要指向一种广泛性的社会效益，是基于公共大众的所需和所求而做出的有益广泛大众的公益行为或提供广泛利好的公共产品。在职业教育作用乡村产业振兴的过程中，这种公益性主要表现为职业学校及其协同公益性机构和组织，为农村农民、返乡务农人员、留守老弱农民等提供一种公益性而非营利性的教育服务与培训产品，使其掌握产业优化与融合创新的技术、技能和技巧，有效推进乡村产业链、价值链与利益链的"三链同构"，推动建设具有中国特色的现代化产业体系，使乡村社会效益得到最大化彰显。职业教育服务乡村产业振兴的作用机制，实际上就是职业教育根据乡村产业结构的变化和调整的需求，切实推进自身结构与体系的变动和调整，从而更好地服务乡村产业转型升级的过程。

亢犁等[①]（2021）通过对四川、云南、贵州、宁夏、青海、西藏、新疆、甘肃、内蒙古和广西等 10 省区 1159 农户采用分位数回归（QR）和二元 Logistic 回归模型，分析小学、初中、高中、大学、职业教育、职业培训中哪种教育类型最有利于巩固脱贫攻坚成果。最后得出，教育对所有收入群体增收均具有积极作用，其中，职业教育和技能培训对家庭生计资产累积的促进作用最大。

徐小容等[②]（2020）提出，职业教育服务乡村产业振兴的过程，也是职业教育与乡村产业间"产教"逐步融合及其作用发挥的过程。其融合程度因乡村地区政策条件、发展水平、相关主体作用以及职教作用发挥等不同而呈现不同的水平和阶段特征。主要分为"产—教"分离彼此"脱嵌"阶段、"产—教"融合"半融半嵌"阶段、"产—教"融合空间的半绝缘阶段和"产—教—产"互嵌式融合阶段，这三个阶段从产业链、价值链与利益链三者之间的融合关系，从脱嵌到半融半嵌，再到互嵌互融，建构起了三链融合架构，使新型农民培养培训、现代农业发展、农村富余劳动力转移合为一体，有效协同"去农"与"为农"、城镇化与农业现代化同步推进，以此实现农村职业教育与乡村经济社会间的共生共赢发展。

乡村产业结构的调整和转型升级，因农村地区普遍存在基础设施薄弱、资源匮乏、人口素质偏低而形势严峻，职业教育尤其是农村职业教育，则需要切实根据乡村地区的现实情况，推进自身专业结构、知识结构、人才培养结构等的变动与调整，通过打造服务农业产业转型升级和现代农业发展需要的涉农专业集群，建构培育新型职业农民所需的农业知识与素质体系等，切实推进职业教育与乡村产业在供需上的平衡。

---

① 亢犁，刘芮伶.哪类教育最有利于巩固脱贫攻坚成果——基于民族地区 1159 农户的微观调查 [J]. 中南民族大学学报（人文社会科学版），2021，41（08）：57-6.

② 徐小容，李炯光，苟淋.产业振兴：职业教育与乡村产业的融合机理及旨归 [J]. 民族教育研究，2020，31（03）：11-15.DOI：10.15946/j.cnki.1001-7178.2020.03.004.

（二）研究意义

1. 理论意义

第一，建立高职教育与社会经济同频共振新模式。基于能力贫困和内生发展理论，从职业教育本质研究视角出发，通过实地调研、专家咨询访谈等方式，分析不同地域、不同流域和不同地区的经济发展特点，探索职业教育精准服务乡村振兴战略的路径、成效，提出职业教育服务区域乡村振兴战略的优化途径和策略，探寻符合时代需要、契合社会需求和产业需要的职业教育与社会经济同频共振新模式，具有一定的理论价值和示范效应。

第二，建立职业教育服务乡村振兴战略长效模式。结合区域职业教育实际，研究探索职业教育作为供给侧如何提升自身服务能力和如何设置对接区域经济发展的专业布局，激发农村内生发展动力，满足乡村振兴需求侧的要求，并利用自身优势联合行业企业与当地政府、农民团体、农村职业学校等成立乡村振兴共同发展框架体系，有效破除能力贫困瓶颈，建立持续发展长效模式，使职业教育在"乡村振兴战略时代"仍能更好地服务"三农"。

第三，进一步厘清并改善目前存在的欠合理现象，精准把握当前新常态，解决不同影响因素带来的问题；进一步发现职业教育与乡村振兴的发展规律，开阔研究的视野；进一步创新实践工作的思路，科学地设计有利于乡村振兴的支撑体系。

2. 实践意义

第一，产教融合是职业教育的职责使命所在。新修订的《中华人民共和国职业教育法》将产教融合、校企合作作为职业教育办学的基本模式，也将其作为保障职业教育高质量发展的关键举措。尤其是中共中央办公厅、国务院办公厅在2022年12月印发的《关于深化现代职业教育体系建设改革的意见》中明确提出，要"坚持以教促产、以产助教、产教融合、产学合作，延伸教育链、服务产业链、支撑供应链、打造人才链、提升价值链，推动形成同市场需求相适应、同产业结构相匹配的现代职业教育结构和区域布局"。在此背景下，职业教育服务区域经济社会发展、服务乡村振兴战略的责任感和使命感更加突出。通过问题反思，尝试从供给侧视角展开调研，结合各省省情、职业教育现情，提出"乡村振兴战略时代"高职教育精准服务各省乡村振兴战略的长效模式，为职业教育更好地服务乡村振兴战略提供实践操作借鉴。

第二，有利于发挥高职教育服务区域经济社会的作用。高职教育是与一个国家的经济发展水平紧密联系的教育类型，其目标就是要培养从事生产、经营、管理的高级技术技能人才。联合国教科文组织在《修订的关于技术和职业教育的建议书（2001年）》中提出，应将技术和职业教育视为"有助于减轻贫困"的一种方法。《国务院办公厅关于深化产教融合的若干意见》（国办发〔2017〕95号）中提出，要面向脱贫攻坚主战场，积极推进贫困地区学生到城市优质职业学校就学。要加强东部对口西部、城市支援农村职业教育扶贫。有些省份也连续三年开展乡村振兴技能人才培养示范基地和示范专业点的遴选工作，充分发挥职业教育的示范、引领和带动作用，为更好实现乡村振兴提供坚实的技能人才支撑。

3. 现实意义

第一，提出农村职业教育助推农村发展战略的对策建议，有利于提升农村职业教育更好地服务乡村振兴战略的新路径，为乡村振兴战略提供人才支持、智力保障，有利于创新并完善农村职业教育发展体系，对进一步助推乡村振兴战略发展具有一定的应用价值。

第二，构建新时代职业教育服务乡村振兴战略的体系，有利于进一步深化和拓展农村职业教育理论，为农村职业教育的发展和实践提供指导；有利于分析乡村振兴战略在发展过程中存在的问题，解决乡村振兴战略发展的难题；有利于开创城乡职业教育一体化、产教融合的新局面。

第三，结合乡村振兴战略实施的具体要求，明确职业教育的功能定位和实践路径，有利于建立健全职业教育水平体系，进一步明确各层级教育体系的发展目标，建立科学系统的职业教育体系；有利于明确新形势下我国乡村振兴战略的具体目标和工作任务；有利于助推县级职教中心更好地服务、服从于乡村振兴战略，加速乡村振兴实施进程。

第四，通过比较分析、文献研究等方法，借鉴国外及部分省份的先进理念和做法，有利于开创新时代职业教育助推乡村振兴战略的建设道路，进一步明确乡村振兴的关键点；有利于协调各地区区域经济发展，互帮互助，互利共赢；有利于推进乡村发展信息化进程，建立区域经济与科学技术桥梁，相互合作、携手并进，实现区域繁荣目标。

第五，通过职业教育，构建乡村振兴战略体系，有利于满足农民的教育需求，迎接知识经济的新挑战，满足农民对教育改革和发展的需求，使农民从终身教育思想向终身教育行为转变；有利于提高农民的整体素质，满足人民群众的精神文化需求；有利于科学技术快速引进农村，提高农民生产力，促进农村经济的发展。

二、研究综述

（一）国内外关于乡村振兴战略的研究动态

20 世纪 80 年代初，我国实行改革开放以后，经济逐步恢复发展，社会对技术技能型人才的需求日益旺盛，传统的高等专科教育因其培养人才的数量不能满足需求和"重理论轻实践"的人才培养模式备受诟病。在此背景下，我国第一所高等职业院校——金陵职业大学于 1980 年建立。1986 年，"高等职业教育"一词在全国职业技术教育工作会议上第一次提出。高等职业教育（以下简称"高职教育"）从出现起，就注定是一个与我国经济社会发展紧密联系的教育类型。

乡村振兴战略自 2017 年在党的十九大报告中明确提出之后，中国特色社会主义乡村振兴之路正式开启。2021 年 2 月 25 日，我国宣告脱贫攻坚任务圆满完成。乡村振兴的关键是产业振兴，产业振兴是乡村振兴的重要基础。产业振兴既要满足农民对经济效益的追求，更要满足农民自身对美好生活的需要。乡村产业振兴需要职业教育为其提供人才支持、技术支持和治理支持等。

1. 国外乡村振兴战略理论的研究动态

马克思[①]很早就阐明了劳动者是生产力中最活跃的因素，劳动者从事生产要掌握一定的知识和技能，需要有一定的教育和培训，他特别强调"教育会生产劳动能力"。

国外早期的经济理论主要阐述了教育和培训对生产力产生的积极作用，明确表达了教育及相关的投资对经济发展的正面影响。Marshall[②]（1890）强调人力资本的长期性以及家庭和政府对国家经济发展的作用，提出把教育作为国家的投资；他还认为，用于人的教育的投资是最有效的投资，他不仅看到学校教育的作用，而且认识到非学校教育或学校后教育（即劳动力培训和终身教育体系）的重要性。Lucas[③]（1981）建立"人力资本溢出模型"，进一步研究人力资本在经济增长中的内生作用。Romer[④]（1986）从人力资本内生的角度考察教育对经济增长的贡献，明确把教育放在第一重要的位置，并提出"内生增长理论"。此外，Sen[⑤]（1999）从社会福利最大化视角出发，关注贫困与失业问题，提出"可行能力理论"，其中对贫困和职业教育的研究也具有重要的影响，提出要关注经济发展中的贫困失业和公平正义问题，并通过改善职业教育等来提升个体能力，从而化解贫困。联合国教科文组织在《修订的关于技术和职业教育的建议书（2001年）》中提出，应将技术和职业教育视为"有助于减轻贫困"的一种方法。

2. 国内关于乡村振兴战略的研究动态

国内学者对职业教育与消除贫困以及推动经济发展的研究也日益增多。职业教育作为精准脱贫的抓手效果已经显现，其在推动乡村振兴战略中起到的应然作用成为政府和学界达成的共识之一。从学者们的研究看，以职业教育扶贫为手段，

---

① 马克思，恩格斯.马克思恩格斯全集[M].中共中央马克思恩格斯列宁斯大林著作编译局，译.北京：人民出版社，1972：210.

② Marshall A. Principles Of Economics（8thEd.）[M].London：Macmillan，1920.

③ Lucas R. E. Studies In Business-Cycle Theories[M]. Cambridge，MA：MIT Press，1981.

④ Romer P.M. Increasing returns and long-run growth[J]. Journal of Political Economy，1986，94（5）.

⑤ Sen A. Development As Freedom[M]. Oxford：Oxford University Press，1999.

进一步带动乡村发展从而促进乡村振兴是其中一个主要方向。马建富和吕莉敏[①]（2019）研究发现，贫困治理、乡村振兴以及职业教育和培训三者之间存在着高度的相关性。孙皖江和陈芳洁[②]（2019）认为，需要把精准扶贫、职业教育等作为工作重点，促进城乡协调，加快农村农业供给侧结构性改革，助力中国乡村振兴实施和全面建成小康社会建设。黄巨臣[③]（2019）从权利共享、技术应用和组织保障维度分析了教育扶贫对乡村振兴的推进作用。通过梳理，还发现不少学者直接研究职业教育和培训、培育职业农民来助推乡村振兴。如王慧[④]（2018）认为，应发展农村职业教育，产教融合培育创新型人才；杨璐璐[⑤]（2018）认为，应实施职业教育培训项目，加大职业农民培育力度；朱成晨、闫广芬和朱德全[⑥]（2019）认为，农村职业教育肩负着智力支持、文化建设的重要职能，在乡村振兴中具有引领作用。罗春娜、李胜会[⑦]（2020）根据乡村振兴的内涵构建了综合测量体系，结果表明，职业教育投入对乡村振兴有明显的促进作用，建议打造校企联合的"产教融通"基地。

（二）关于职业教育服务乡村振兴战略研究现状

近年来，关于现代职业教育服务经济社会领域尤其是"三农"方面的研究一直是学术研究的热点和焦点话题。很多研究机构和学者从不同研究视角提出了不少建设性意见和建议。主要有以下几个方面：

---

① 马建富，吕莉敏 . 乡村振兴背景下贫困治理的职业教育价值和策略 [J]. 苏州大学学报（教育科学版），2019，7（01）：70–77.

② 孙皖江，陈芳洁 . 乡村振兴战略背景下的农村精准扶贫探讨 [J]. 西南林业大学学报（社会科学版），2019，3（01）：7–11.

③ 黄巨臣 . 乡村振兴中的农村教育扶贫政策：价值意蕴、实践困境与推进路径——基于"权力—技术—组织"的分析框架 [J]. 教育与经济，2019（06）：18–26.

④ 王慧 . 产教融合：农村职业教育发展方向 [J]. 教育研究，2018，39（07）：82–84.

⑤ 杨璐璐 . 乡村振兴视野的新型职业农民培育：浙江省个案 [J]. 改革，2018（02）：132–145.

⑥ 朱成晨，闫广芬，朱德全 . 乡村建设与农村教育：职业教育精准扶贫融合模式与乡村振兴战略 [J]. 华东师范大学学报（教育科学版），2019，37（02）：127–135.

⑦ 罗春娜，李胜会 . 中国乡村振兴的动力因素研究——基于教育的视角 [J]. 宏观经济研究，2020（08）：105–117+145.

1. 政府作用层面

如刘奉越[①]（2018）提出，政府要通过加大职业教育发展扶持力度和构建职业教育联合体的方式健全保障机制、彰显地方性特点，对农村的优质资源精准培养等多种方式提高农村"空心化"的治理水平，以助推乡村振兴战略的顺利实施。张孟[②]（2017）认为，针对高职院校人才培养中存在财政投入不足产生"非对接"性制约，提出从外部保障上进行资金政策的"对接"，以支持新农村建设。

2. 高职教育供给侧结构性改革

如熊惠平[③]（2018）提出，高职院校校地合作办学"二次下移"战略，即从市校合作到县校合作是"第一次下移"；从县校合作到镇校合作是"第二次下移"。通过市校合作、县校合作和镇校合作，构建"学校本部—县校合作基地—镇校合作基地"战略布局，深化高职教育供给侧结构性改革，形成"四大效应"（即节点和平台效应、"三式"效应、示范性和辐射性效应、回应性效应），对乡村振兴具有重要意义。王子南[④]（2018）基于能力贫困理论的视角，以高职教育供给侧为出发点，提出高职教育助力精准扶贫应从消除偏见、扩大招生规模、多种方式并举、优化人才培养机制和完善顶层设计 5 个方面入手。杨凌云[⑤]（2018）从高职院校适应农业供给侧结构性改革的角度出发，从优化职业教育模式、合理设置涉农专业、加快涉农科研成果市场转化等方面提出高职院校服务"三农"发展的对策。

3. 发挥高职院校的办学模式优势

王万川、钱俊、潘毅[⑥]（2018）认为，高职院校应充分发挥校企合作、产教融

① 刘奉越.乡村振兴下职业教育与农村"空心化"治理的耦合[J].国家教育行政学院学报，2018，247（07）：40-46.

② 张孟.以对接新农村建设为导向的高职教育人才培养[J].教育与职业，2017（24）：48-52.

③ 熊惠平.高职院校校地合作办学"二次下移"战略[J].职教论坛，2018（08）：21-26.

④ 王子南.职业教育助力精准扶贫的现实思考——以高等职业教育供给侧为出发点[J].现代教育科学，2018（09）：27-31.

⑤ 杨凌云.新时期高职院校服务"三农"发展的对策——以四川职业技术学院为例[J].产业与科技论坛，2018，17（17）：133-135.

⑥ 王万川，钱俊，潘毅.乡村振兴背景下高职院校提升农村电商人才有效供给研究[J].淮北职业技术学院学报，2018，17（05）：17-20.

合和农村生源等优势，提升农村电商人才供给质量，为乡村振兴战略实施提供人才和智力支撑。林靖[①]（2018）提出，湖州职业技术学院与湖州市农办、浙江大学联合发起成立全国首家地市级农民学院，探索出一条地方高职院校培养新型农民的路径。

4. 高职院校的内涵建设

常风华[②]（2018）从高职教育在乡村振兴战略中的作用与作为角度认为，高职（高专）教育在服务乡村振兴战略中将发挥巨大作用，建议进一步提高涉农院校的办学档次和办学质量，非涉农院校在专业设置、人才培养模式及师资建设方面要突显"三农"特色。张孟[③]（2017）认为，高职教育对接新农村建设人才培养存在"非对接"性阻碍和制约因素，提出要从舆论导向、外部保障（制度建设、财政投入、激励机制等方面）、专业设置和人才培养方案、师资队伍建设4个方面建立"对接"机制，服务乡村振兴战略。丁广明、张军燕[④]（2018）认为，高职院校涉农专业要加强创新创业教育，培养出乡村振兴战略需要的"一懂两爱"人才。廖远兵[⑤]（2018）提出，地方高职院校继续教育可以通过成人学历教育和短期培训农业推广硕士、农村干部、涉农专业技术人才、新型职业农民、新生代农民工等乡村振兴战略所需的多种类型的人才。

5. 高职教育的文化育人功能

熊飞、甘海琴[⑥]（2020）从文化传承与创新维度提出，农业高职教育要基于"高度、深度、广度""三度"的维度开展有特色的校园文化氛围营造，从精神传

---

① 林靖.地市高职院校服务新型职业农民培养的路径建构研究——基于湖州职业技术学院个案[J].产业与科技论坛，2018，17（19）：226–227.

② 常风华.高职高专教育在乡村振兴战略中的作用与作为探讨[J].河南农业，2018（30）：8–9.

③ 张孟.以对接新农村建设为导向的高职教育人才培养[J].教育与职业，2017（24）：48–52.

④ 丁广明，张军燕.实施乡村振兴战略与高职院校涉农专业创新创业教育[J].职教通讯，2018（16）：55–58.

⑤ 廖远兵.地方高职院校继续教育如何服务乡村振兴战略——以广东河源职业技术学院为例[J].高等继续教育学报，2018，31（04）：34–37.

⑥ 熊飞，甘海琴.乡村振兴视域下农村职业教育"内卷化"破解路径[J].职教论坛，2020，716（04）：148–153.

承方面提升至文化传承与创新方面，充分发挥校园文化育人功效，实现高校服务、专业建设和创新创业三维育人的交融，从而实现文化育人功能。

（三）关于农村职业教育服务乡村振兴战略、精准扶贫战略研究现状

　　一些学者从农村职业教育入手，对其更好地服务乡村振兴战略、精准扶贫战略的作用和路径进行研究。纵观农村职业教育发展历程，刘军[①]（2018）、孙莉[②]（2018）两位学者都认为，我国农村职业教育价值取向和目标定位存在"异化"现象，严重的"离农"倾向，为"农"服务意识和能力不强，教育质量不高，缺乏吸引力。唐智彬、石伟平、匡瑛[③]（2018）认为，我国有些地方农村职业教育投入经费较低，学校基础设施薄弱，教学设备缺乏，师资队伍欠缺且专业教学水平较低，吸引力不足。针对这些问题，他们提出，要优化农村职业教育人才培养体系，按照不同比例由国家、省、县各级政府分担农村职业教育经费，发挥各级政府部门的作用，根据各地实际，内外结合，协同创新培养农村需要的技能人才。同时提出，要根据时代发展的不同特点和背景以及国家层面实施的重大战略，不断调整农村职业教育改革方向；改革办学模式，形成政府主导、多元参与的农村职业教育办学主体结构；农村职业学校要适应当前职业教育发展的趋势和方向，重新定位办学功能和培养方案，推动农村职业教育向融合发展；推进城乡职业教育走向融合发展新境界。马建富、郭耿玉[④]（2018）认为，实现乡村振兴，农村职业教育培训必须构建现代职业教育培训支持体系，促进农村人力资本开发，培训新型职业农民、返乡创业人员，培育乡村精英人才；要根据农村产业发展方向，开展针对性培训；借鉴精准扶贫政策，实施精准培训，增强贫困人群内生发展能力。

---

① 刘军. 乡村振兴战略下农村职业教育的公共性危机及破解路径 [J]. 教育与职业，2018（13）：12–19.

② 孙莉. 乡村振兴战略下农村职业教育的改革与创新发展 [J]. 教育与职业，2018，917（13）：5–11.

③ 唐智彬，石伟平，匡瑛. 改革开放 40 年我国农村职业教育发展回顾与展望 [J]. 职业技术教育，2018，39（19）：55–61.

④ 马建富，郭耿玉. 乡村振兴战略背景下农村职业教育培训的功能定位及支持策略 [J]. 职教论坛，2018，698（10）：18–24.

张志增[①]（2017）则从宏观层面提出，在坚持农村职业教育办学方向和办学目的的前提下，对农村职业教育进行分类指导，建立培训网络，扩大职业教育服务的辐射面，同时加大政府投入，实行涉农职业教育公益购买制度，培养高素质农村职业学校校长队伍，带动农村职业教育的发展，进而培育出为乡村振兴真正发挥作用的各类专门人才和高素质劳动者。

（四）研究综述述评

1. 侧重常规研究，对产教融合、服务乡村战略发展研究较少

相关研究主要从政府投入、高职教育供给侧结构性改革、办学模式优势、高职院校内涵建设、文化育人进行探讨，鲜少涉及政府和地方教育部门的职责和作为、高职院校的校企合作、产教融合的特性服务乡村振兴战略的研究。有的虽然涉及，但探讨不太深入。

2. 侧重理论探讨，结合地方实际较少

农村职业教育服务乡村振兴战略、精准扶贫战略的研究较多，主要集中于加强政府指导、扭转"离农"的价值取向、完善培训体系等方面，也有涉及高职教育与农村职业教育结合的研究，但是理论研究多过实践操作，涉及两者结合的研究大都基本停留在浅层面，而且具体实施的效果也没有验证。

3. 侧重单一教育模块，相近教育模块横向比较研究少

高职教育与农村职业教育在服务乡村振兴战略中的作用和角色肯定不同，明确了二者的作用和角色定位后，才能够更加深入地研究其作用的发挥，但这方面的研究基本没有。

4. 侧重话题研究，对后续的前瞻性研究少

大多研究只注重职业教育服务精准扶贫战略的阶段性研究，很少有人关注我国"后扶贫时代"中高职院校在乡村振兴战略中的作用与实现路径研究。

---

① 张志增. 实施乡村振兴战略与改革发展农村职业教育 [J]. 中国职业技术教育，2017，650（34）：121-126.

三、研究目标、研究内容与研究方法

本研究从实践研究视角出发，以经济学和管理学的现代经济增长理论和内生发展理论等相关理论为支撑，以职业教育如何服务乡村产业振兴为研究对象，客观评判国内关于职业教育在服务乡村振兴战略过程中的实践和理论研究、取得的成效和存在的问题，充分借鉴国内外在探索职业教育服务地方经济发展方面的先进经验和有益做法，进而提出职业教育服务乡村产业振兴的实现机制，并探索建立职业教育服务乡村振兴战略的长效模式。

（一）研究目标

1. 建立职业教育与乡村产业振兴之间内在逻辑的呼应机制

高职教育举办的初衷，本身就具有服务地区经济社会发展、培养技术应用型人才的明确目的，在乡村振兴战略成为国家"七大战略"之一的背景下，高职教育作为高等教育供给侧在人才培养、专业对接产业、服务地区经济发展等方面与乡村振兴中产业振兴、人才振兴、文化振兴、生态振兴、组织振兴"五大"振兴需求侧之间进行对接，实现供给侧与需求侧的对应。

实行改革开放以来，我国产业经济实现飞速发展，创造了一项又一项举世瞩目的成就，同时也经历了多次重大变革，生产要素与劳动力市场的需求也发生了结构性变革。职业教育作为培养高技能人才的教育类型，为产业发展需要提供了大量的高技能人才，两者在内在逻辑上建立了呼应机制。关于职业教育如何通过两者的内在逻辑服务产业振兴，则是本研究要讨论的重点之一。

2. 创新职业教育服务乡村产业振兴的实现机制

本研究拟提出高职教育服务乡村振兴战略的基本模式，总结归纳高职教育协调政府、企业、农村职业学校和农民团体各相关者多元参与的运行机制，探索建立各方合作机制，成立乡村振兴共同发展框架体系，有效破除能力贫困瓶颈，进而提出高职教育服务乡村振兴战略的实施路径，从而实现高职教育服务乡村振兴战略实现路径的研究目标。

3. 探索建立职业教育服务乡村振兴长效机制

2021 年，我国完成了基本消除绝对贫困的目标，职业教育服务乡村振兴的任务重心也要随之发生转变。本研究将在关注职业教育服务乡村振兴战略的同时，结合我国推进实施乡村振兴战略的目标任务，就脱贫攻坚战略达到阶段性成效后的巩固和实施乡村振兴战略衔接等方面提出建设性意见，拟从职业教育内部的教育属性、发展方向与外部国家层面及省级层面的战略导向和乡村振兴战略的功能定位的逻辑线索中探索建立职业教育服务乡村振兴战略的长效机制。

（二）研究内容

本研究的研究框架如下：

绪论　问题缘起：职业教育与乡村振兴战略的耦合关系

一、研究背景与意义

（一）研究背景

（二）研究意义

二、研究综述

（一）国内外关于乡村振兴战略的研究动态

（二）关于职业教育服务乡村振兴战略研究现状

（三）关于农村职业教育服务乡村振兴战略、精准扶贫战略研究现状

（四）研究综述述评

三、研究目标、研究内容与研究方法

（一）研究目标

（二）研究内容

（三）研究方法

四、研究思路与技术路线

（一）研究思路

（二）技术路线

五、主要创新与不足之处

（一）主要创新

（二）不足之处

第一章　理论基础：产教融合背景下职业教育服务乡村振兴战略的理论基础

一、高校服务社会理论

二、人力资本理论

三、利益相关者理论

四、可持续发展理论

五、协同治理理论

六、内生式发展理论

七、能力贫困理论

第二章　政策演变：乡村振兴战略的历史沿革

一、乡村先声：民国时期乡村建设运动的实践和尝试

（一）定县实验

（二）邹平模式

（三）北碚乡建

二、革命火种：新民主主义革命时期党的乡村政策

（一）新民主主义革命时期农村政策演变

（二）新民主主义革命时期党的"三农"政策的政策导向

三、发展根基：新中国成立初期至改革开放新时期的"三农"政策演变

（一）社会主义革命和建设时期——集体化阶段（1949—1978年）

（二）改革开放和社会主义现代化建设新时期——市场化阶段（1978—2003年）

（三）社会主义现代化建设新时期——统筹化阶段（2003—2012年）

四、振兴之路：新时代以来"三农"政策指向

（一）国之大计：党的十八大以来农业农村政策分析

（二）国之要者：产教融合战略与乡村振兴耦合关系

第三章　应然呼应：产教融合背景下职业教育服务乡村振兴的理论逻辑与"呼应"机制

一、职业教育服务乡村振兴的生态圈功能分析

二、职业教育服务乡村振兴的理论逻辑和运行机制

三、职业教育服务乡村振兴战略的"呼应"机制

（一）服务乡村振兴战略是由职业教育的本质属性决定的

（二）服务乡村振兴战略是由职业教育的功能定位决定的

（三）服务乡村振兴战略是由职业教育的类型特色决定的

（四）职业教育服务乡村振兴战略的"呼应"对接

第四章　经验模式：产教融合背景下职业教育服务乡村振兴的现状分析

一、我国农业生产经营人员的受教育程度数据分析

（一）我国农业生产经营人员受教育程度总体情况

（二）我国规模农业经营户的农业生产经营人员受教育情况

（三）我国农业经营单位农业生产经营人员受教育情况

二、职业教育在服务乡村振兴战略中的作用更加重要

三、乡村人才振兴的需求逻辑

四、国外国家职业教育服务乡村发展的经验

（一）美国职业教育服务乡村经验

（二）韩国"新村运动"经验

（三）澳大利亚农业职业教育培训包模式

五、新时代我国职业教育服务乡村振兴的模式分析

（一）乡村学堂模式

（二）人才培养模式

（三）精准帮扶模式

（四）协同治理模式

（五）数字技术模式

（六）思政育人模式

六、职业教育在服务乡村振兴中存在的问题

（一）政府统筹协同治理力度不够

（二）职业院校发挥的作用和积极性不够

七、职业教育服务乡村振兴的未来展望

（一）服务指向：构建职业教育与培训体系

（二）路径指向：城乡融合为基，共同体引领为航

（三）实施保障：政策配套为基，文化建设为航

第五章　向农而行：产教融合背景下职业教育服务河南乡村振兴的实践探索与理论分析

一、职教中原：河南省职业教育发展分析

（一）河南省基本情况

（二）河南省职业教育发展情况

二、职业教育服务河南乡村振兴战略的实践探索

（一）职业教育服务河南乡村振兴的案例

（二）职业教育服务乡村振兴的案例分析

第六章　模型构建：产教融合背景下职业教育服务乡村振兴模型构建与策略分析

一、举旗定向：乡村振兴政策环境解析

（一）坚持以习近平总书记关于"三农"工作的重要论述为指引

（二）重点把握党和国家关于推动乡村全面振兴的战略部署

二、五链融合：职业教育服务乡村振兴的实施策略与路径

（一）专业链匹配产业链：职业教育助推乡村产业振兴

（二）教育链赋能人才链：为乡村振兴提供人才支撑

（三）延长乡村文化链：为乡村振兴重塑文化元素

（四）充实生态链：职业教育服务乡村生态振兴

（五）重构组织链：职业教育服务乡村组织振兴

第七章　政策建议：产教融合背景下职业教育服务乡村振兴战略的建议

一、中国式现代化中的乡村振兴战略

（一）中国式现代化的历史脉络

（二）乡村振兴战略的前世今生

二、新时代职业教育在脱贫攻坚与乡村振兴相衔接战略新作为的建议

（一）进一步加强职业院校内涵建设

（二）鼓励企业积极发挥重要主体作用

（三）构建支持乡村振兴战略共同体

第八章　应然延伸：产教融合背景下职业教育服务乡村振兴的愿景

一、聚人才，积极打造乡村人才培养链

二、兴文化，重塑乡村文化之魂

三、创文明，留住青山绿水乡愁

四、强组织，打造健全乡村治理共同体

参考文献

附录

（三）研究方法

1. 文献分析法

本研究拟对国内关于职业教育在服务乡村振兴战略过程中的实践和理论研究资料进行梳理，对相关理论和实践资料进行客观评述。

2. 调查研究法

选取全国有影响的职业院校、相关企业、农村职业学校、农民团体等相关人员进行问卷调查，了解在乡村振兴战略"五大振兴"需求侧各方的诉求与需要。

3. 案例分析法

采取宏观和微观相结合的方式，以量化和实证相结合的研究方法，以典型案例为素材，总结提炼高职教育服务乡村振兴实现机制的实然案例。

4. 比较研究法

将选取的典型案例进行比较研究，在比较中分析各典型案例的可取之处与问题所在，提出高职教育服务乡村振兴战略的应然路径。

四、研究思路与技术路线

（一）研究思路

本研究从实践研究视角出发，通过全面分析职业教育服务区域经济社会的理论契合点，以经济学和管理学的内生发展理论等为支撑，以研究教育如何服务乡村振兴为研究对象，客观评判国内关于职业教育在服务乡村振兴战略过程中的实践和理论研究取得的成效和存在的问题，充分借鉴国内外在探索职业教育服务地方经济发展方面的先进经验和有益做法；通过全面分析职业教育服务区域经济社会的理论契合点，客观分析职业教育与乡村振兴战略的"脱节点"，建立理论研究的"靶向点"，采取实地调研、专家咨询访谈等方式；通过对全国包括河南省不同地域、不同流域和不同地区的产业经济发展特点展开调研，分析乡村振兴战略实施在我国不同地区的特点，结合当地地理形态因素和不同产业的需求，充分了解各地区不同产业的人才需求、组织需求、治理需求等，梳理出职业教育供给侧与乡村振兴战略需求侧之间相呼应的内在逻辑，建立专业供给（调整）与产业需求、人才供给与区域需求的精准对接模式，建构起职业教育服务乡村振兴的实现路径，为职业教育服务乡村振兴战略提供政策或实施模式方面的借鉴。

（二）技术路线

技术路线如图 0—2 所示：

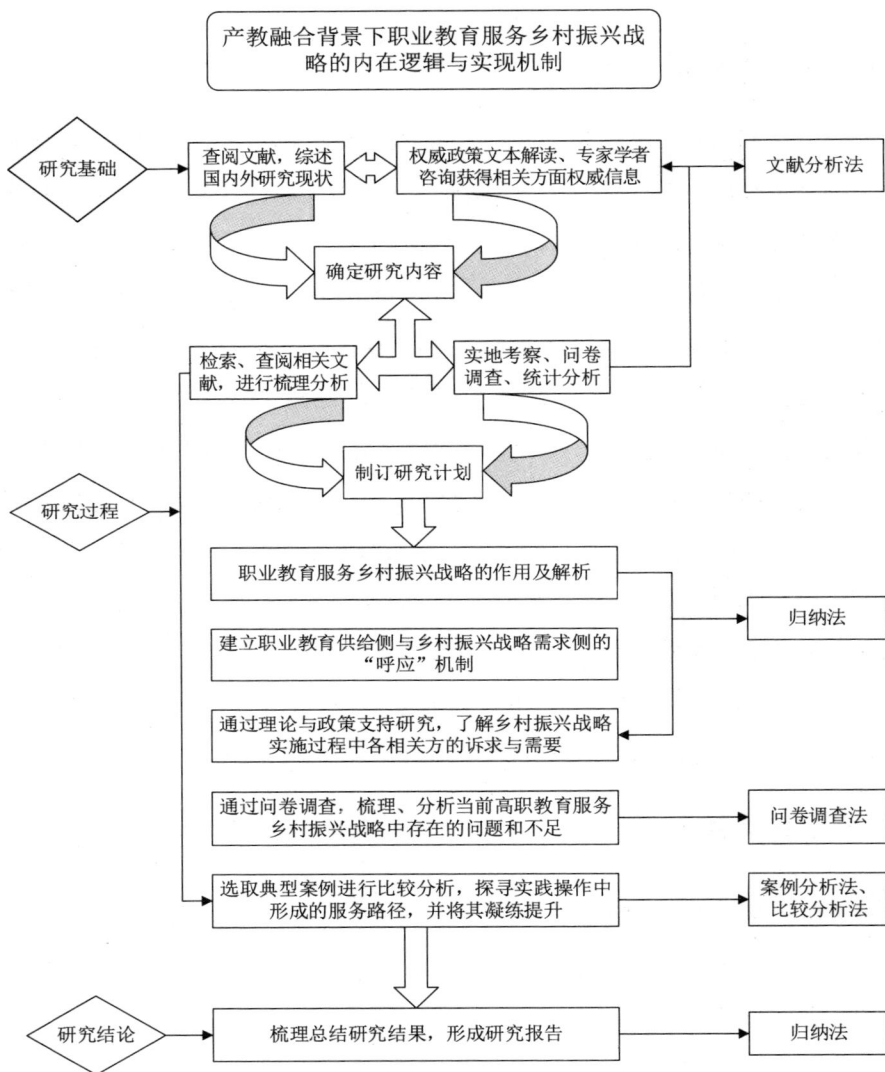

图 0—2　技术路线

五、主要创新与不足之处

（一）主要创新

本研究的研究成果可作为职业院校更好地服务乡村产业振兴时的理论参考，如果效果良好，可向全国职业院校推广使用，为全国院校提供参考。同时，本研究的成果可为地方行政部门制定职业院校更好地服务乡村振兴的导向性政策提供参考。

1. 探寻职业教育与乡村产业振兴之间的内在逻辑

我国产业经济结构经历了多次重大变革，生产要素与劳动力市场的需求也发生了结构性变革，而职业教育作为培养高技能人才的教育类型，也为产业发展需要提供了大量的高技能人才，两者在内在逻辑上就建立了呼应机制，通过梳理相关研究成果，揭示职业教育和乡村产业结构之间的内在逻辑，开展职业教育如何精准服务乡村产业振兴的应用研究。

2. 构建职业教育服务乡村产业振兴的实现路径

通过开展调查研究，对职业教育与乡村振兴战略各相关者多元参与的运行机制进行应然剖析，探索建立各方协作机制；找出职业教育与产业振兴的典型地域模式的契合点，提出职业教育服务乡村产业振兴的实施路径。

3. 探索建立职业教育服务乡村振兴的长效机制

结合职业教育内部的教育属性和发展方向，在国家层面及省级层面战略导向的指引下，廓清职业教育服务乡村振兴战略的逻辑理路，进一步探索建立职业教育服务乡村振兴的长效机制，为其他地区职业教育服务乡村振兴战略提供借鉴。

（二）不足之处

1. 职业教育是一个复杂的体系，涉及方方面面，通过文献梳理、实地调研、问卷调查等方式获取大量第一手的理论资料和实践材料，由于这些材料获取的局限性和研究人员限于研究时间、调研地区和研究水平的约束，研究的相关内容存在一定的片面性，不能涉及研究的所有方面，因此，研究结论具有一定的局限性。

2. 乡村振兴战略实施以来，职业教育服务乡村振兴战略的体系和指标不够完善，更缺乏相关的理论机制。限于研究人员的水平，关于职业教育对乡村振兴、农村城镇化发展等方面的作用研究还存在一定的差距。

第一章
理论基础：产教融合背景下
职业教育服务乡村振兴战略的理论基础

　　本研究通过深入分析与职业教育服务乡村振兴战略等相关领域的理论，从高校服务社会理论、人力资本理论、利益相关者理论、可持续发展理论、协同治理理论、内生式发展理论和能力贫困理论着手，分析职业教育服务乡村振兴战略，在这些理论基础上进一步开展研究，为研究职业教育服务乡村振兴战略的逻辑进路提供坚实的理论基础。

一、高校服务社会理论

　　2001 年，联合国教科文组织在《教育——财富蕴藏其中》中提出，"在大多数国家中，为了经济目的而对教育提出的需求不断增多"，"在各个部门，包括农业部门，均需要掌握更新了知识和技能的、可促进发展的人才"。美国著名教育家德里克·博克在《走出象牙塔——现代大学的社会责任》中提出，"大学凭常规的学术功能，通过教学项目、科学研究和技术援助等手段承担着满足社会需求的重要职责"。因此，高校作为整个教育体系中的最高层级，具备人才培养、科学研究、社会服务、文化传承与创新、国际交流合作五大职能，其中人才培养、科学研究、社会服务是其最基本的职能。高校作为社会组织的重要成员，为适应社会分工与社会发展需求应该承担相应的社会任务，即为社会发展培养技术技能人才、加强科学理论支撑、拓展文化传承与交流、提供培训指导等社会服务。从精准扶贫到乡村振兴，是物质的追求到精神文化的升华。脱贫攻坚战的全面胜利为乡村振兴的实现奠定了坚实的物质基础，乡村振兴战略的实施体现了群众对精神与文化更多的追求，而高校就是精神文化的修道场、文化传承与发展的主战场，是乡村振兴战略实现的重要保障。职业教育作为类型教育，涵盖中等职业教育和高等职业教育，目前已经延伸至本科职业教育，将来甚至会有研究生职业教育。高等职业教育（包括现在的本科职业教育和将来的研究生职业教育）都隶属于高等教育。在全面实现精准脱贫并逐步迈向乡村振兴的关键阶段，高校作为促进社会发展的主要原动力，在巩固拓展脱贫成果和实现乡村振兴战略中扮演着非常重要的角色，应该充分发挥其社会服务职能，为乡村发展输出更多的高素质人才，在不断加强"三农"发展与振兴的理论研究成果转化落地的同时，为乡村农民的自我发展能力和市场竞争力的提升提供更多的培训教育，为乡村文化传承与发展创造更多的机会和渠道，为农业产业化发展提供更多的指导。

二、人力资本理论

人力资本理论是现代经济学发展史上的一场革命，全面颠覆了人们对生活、工作、储蓄、投资、教育和培训等诸多方面的传统思考。20 世纪 50 年代末，以舒尔茨、贝克尔、明赛尔等为代表的一些经济学家将人力资本理论进行了系统的阐述。其中，人力资本理论基本原理即人力资本投资原理是人力资本理论的核心内涵。美国经济学家舒尔茨[①]认为，人的资本投资指用于提高人的生产能力的支出。他指出："改善人口质量的投资，能够显著提高穷人的经济前途和福利，儿童保育、家庭和工作经验，通过上学得到信息和技能，以及主要包括投资于健康和上学的其他方式能够改善人口质量。我将说明，低收入各国的这类投资，只要在它们未

---

① [美] 舒尔茨. 改造传统农业 [M]. 北京：商务印书馆，1999：182.

被政治不稳定破坏的任何地方，对改善经济前途一直是成功的。"美国经济学家贝尔克则将人力资本观点发展成为确定劳动收入分配的一般理论，并且将人力资本投资分为通用性和专用性两种不同类型，论述了在人的一生中人力资本投资收益率与人力资本投资量变动之间的规律。综上可以看出，人力资本理论的核心指向就是把教育或培训作为人力资本投资的一种形式，提高人力资源的生产力水平，个人的生产力水平及其收入水平与其教育水平呈正相关关系。

人才振兴作为乡村振兴战略的重要内容之一，是其实现的关键，是带动乡村的知识、技术技能、资金、物质、管理和理念等各种资源形成汇集聚力、充分发挥关键作用的重要因素，因此人力资本的凝聚和灵活运用是实现"农业强起来、农村美起来、农民富起来"这一长期目标的重要基础，是实现乡村振兴战略落地的关键基石。

三、利益相关者理论

"利益相关者（Stakeholder Theory）"一词最早能够追溯到 20 世纪 80 年代中期，弗里曼（Freeman）明确提出此理论。该理论即企业的运营者为了让不同利益相关者对于利益方面的要求达到平衡而开展的一系列管理活动。随后，瑞安曼（Rehenman）给出较全面的定义："利益相关者通过企业将它的目标加以完成，而企业也需要依靠此类群体来保障自身的生存与发展。"自此之后，该理论逐渐发展成为一种独立的分支。利益相关者理论的社会影响也得到迅速扩展。目前，利益相关者在国内外并无统一的定义，众多专家学者对该理论进行的定义多达 30 多种。在这之中，弗里曼（Freeman）的观点影响力最大，也最为典型。他提出："利益相关者能够对于组织目标的完成产生某种程度的影响。"他从利益相关者与企业的双边视角进行界定，既包括有益于企业价值实现的利益相关者，也包含不利于企业价值实现的利益相关者。随后，利益相关者研究日益受到重视，发展成一种理论。纵观利益相关者理论发展历程，主要经历了"利益相关者影响""利益相关者参与"

和"利益相关者共同治理"三个发展阶段。该理论得到经济学、管理学、政治学、社会学和法学等众多领域专家学者的关注、研究和应用。

因此，借鉴利益相关者理论对职业教育服务乡村振兴战略进行分析，可以为构建合理有效的服务机制提供相应的范式。利益相关者理论能够有效对职业教育与乡村振兴战略各利益相关者进行职能界定。因为职业教育本身就是一个由多元主体构成的不同利益相关主体，国家成立职业教育指导咨询委员会，成员包括政府人员、职业教育专家、行业企业专家、管理专家、职业教育研究人员、中华职业教育社等团体和社会各方面热心职业教育的人士。政府可以委托国家职业教育指导咨询委员会作为第三方，对全国职业院校、普通高校、校企合作企业、培训评价组织的教育管理、教学质量、办学方式模式、师资培养、学生职业技能提升等情况，进行指导、考核、评估等。同时，国务院完善了职业教育工作部际联席会议制度，由教育、人力资源社会保障、发展改革、工业和信息化、财政、农业农村、国资、税务、扶贫等单位组成，由国务院分管教育工作的副总理担任召集人。联席会议统筹协调全国职业教育工作，研究协调解决工作中重大问题，听取国家职业教育指导咨询委员会等方面的意见建议，部署实施职业教育改革创新重大事项。每年召开两次会议，各成员单位就有关工作情况向联席会议报告。国务院教育行政部门负责职业教育工作的统筹规划、综合协调、宏观管理，国务院教育行政部门、人力资源社会保障行政部门和其他有关部门在职责范围内，分别负责有关的职业教育工作。由此可知，在对职业教育服务乡村振兴战略的研究中，运用利益相关者理论，可以帮助管理者们更新观念，进而促进各利益相关方尽快树立相应的权利意识，界定各主体的权力和责任。

四、可持续发展理论

可持续发展理论最初源于生态学，是指对于资源的一种管理战略，后来被广泛应用于经济学和社会学领域，加入新的内涵，形成涵盖经济、社会、文化、技术和自然环境等众多因素在内的概念，其终极目标是发展和保证人类的生存。可持续发展理论的基本原则有三个：一是公平性原则，既强调当代人之间的横向公平，又强调世代之间的纵向公平；既强调时间维度上的公平，又强调空间维度上的公平。二是持续性原则，即要合理开发和使用生态资源，使可再生资源能够保持其再生能力，非可再生资源不会被过度消耗，实现经济与社会的绿色、健康和可持续发展。三是共同性原则，即地球上宝贵的生态资源是全世界各个国家、各个地区、各个民族和每个人共同享有的，这是由地球整体性和相互依存性决定的，因此，全球人民要共同维护、治理和使用，达成人类之间、人与自然之间的和谐共生，即构建人类命运共同体。具体到经济社会发展领域，导致发展的非可持续性，恩格斯[①]告诫人类，"我们统治自然界，决不像征服者统治异族人一样，决不是像站在自然界之外的人似的，——相反地，我们连同我们的肉、血和头脑都是属于自然界和存在于自然界之中的；我们对自然界的全部统治力量，就在于我们比其他一切生物强，能够认识和正确运用自然规律"。人类的贫困问题与生态环境问题紧密相关。众多的事实证明，贫困地区为短期的经济效益破坏性地使用自然资源，进而造成对生态环境不可逆的破坏。因此，要解决环境问题，营造良好的生态环境，需要不断提高贫困人口的生产力水平和生态素养。因此，马克思主义认为，只有确立可持续的发展观，才能推动社会生产力的健康发展。

乡村振兴战略是实现乡村产业、人才、文化、组织、生态五大振兴的可持续发展，是产业扶贫向产业发展转化的可持续，是资金扶贫向人才发展转化的可持续，是文化扶贫向文化创新转化的可持续，是生态治理向生态文明发展转化的可持续。职业教育是参与经济社会发展的重要教育类型，应当承担其固有的社会责任和义务，以有效的培训与指导提升乡村人民的自我内生动力，以扎实的理论科学研究支撑农业的高质量生产，以多元化渠道推动乡村文明与文化创新的可持续发展。

---

① 马克思，恩格斯.马克思恩格斯全集[M].中共中央马克思恩格斯列宁斯大林著作编译局，译.北京：人民出版社，1972：210.

五、协同治理理论

协同治理理论是协同学与治理理论的交叉理论。德国斯图加特大学理论物理学教授赫尔曼·哈肯（H.Haken）① 在 20 世纪 70 年代创立了一门新兴的系统学科——协同学（Synergetics）。即"协同合作之学"，"该名称来自古希腊语，表示开放系统中大量子系统相互作用的整体的、集体的或合作的效应"。孙中一认为，协同学理论认为那些"与外界有着充分物质与能量交换的开放系统，它们从无序到有序的演化都遵循着共同的规律，即在一定条件下，由于构成系统的大量子系统之间相互协同的作用，在临界点上质变，使系统从无规则混乱状态形成一个新的宏观有序的状态"。

联合国全球治理委员会在 1995 年发表一份题为《我们的全球伙伴关系》的研究报告，报告对治理作出如下界定："治理是各种公共的或私人的个人和机构管理其共同事务的诸多方式的总和。"它是使相互冲突的或不同的利益得以调和并且采取联合行动的持续的过程。它既包括有权迫使人们服从的正式制度和规则，也包括各种人们同意或以为符合其利益的非正式的制度安排。何水认为，协同治理是指在网络技术与信息技术的支持下，政府、民间组织、企业、公民个人等社会多元要素相互协调，合作治理社会公共事务，以追求最大化的治理效能，最终达到最大限度地维护和增进公共利益之目的。

作为乡村振兴战略的主导——政府部门一方面要摸清制约当地农村的关键性要素及其迫切需求，另一方面要发动相关部门研究对策，并组织协调高职院校、农村职业学校、企业、农村团体、农民等进行合作，实现资源整合。

六、内生式发展理论

内生式发展理论是相对于外源式发展理论而言的。外源式发展侧重于借助外

---

① ［德］赫尔曼·哈肯．协同学——大自然构成的奥秘 [M]．上海：上海译文出版社，2001：2.

部的力量和环境推动经济发展，更强调外部的各种发展要素，由多种利益相关者共同发力，通过依托政府制定的相关政策、其他社会力量的支持构建起来的发展体系。对于乡村振兴战略而言，是外部的帮扶力量推动低收入群体暂时摆脱贫困现状的模式，也就是通常所说的，外因通过内因起作用，解决贫困问题。但是，我国很早就发现，这样的方式并不能真正激发低收入群体的脱贫积极性，反而会助长其等、靠、要的思想。因此，在脱贫攻坚过程中，习近平总书记提出"精准脱贫"和"扶志扶智"的理念，进而阻断贫困的代际传递。而教育扶贫尤其是职业教育扶贫方式，是增强贫困地区和贫困群众内生动力和发展能力的关键举措。"职教一人，就业一个，脱贫一家"的例子比比皆是。"扶志扶智"则是内生式发展理论典型的做法之一。即通过提升贫困地区与贫困群众的知识素养、技术水平和该地区的治理水平，做到"授人以鱼不如授人以渔"，使该地区的群众掌握致富的技能和创新的能力，用自己的双手推动该地区经济的发展，从而实现可持续的经济社会发展。

因此，我们可以从内生式发展理论的启发为职业教育服务乡村振兴提供参考。一是职业教育服务乡村振兴的地区开发，最终使该地区的内生治理能力得到充分提高，为实现可持续发展奠定基础；二是为培养该地区发展的能力，最好的途径是通过职业教育办学主体与该地区共同作为开发主体，并充分发挥该地区的主观能动性，使他们成为地区开发的主要参与者和受益者；三是利用当前国家对职业教育的利好政策，由职业院校开展产教融合，成立校企共同体，为当地经济发展赋能内生动力。

七、能力贫困理论

能力贫困理论由诺贝尔经济学奖获得者阿马蒂亚·森首次提出。他认为，贫困直接的表象是收入低下，但是就其核心是贫困个体缺乏获取基本物质生存条件或机会的"可行能力"，即最基本的生存能力。这种生存能力有时并非贫困个体的主观意愿所导致，而是被外在的环境所剥夺。因此，在阿马蒂亚·森看来，贫困被判别的标准应该是要看贫困个体的生存能力是否被剥夺。如何判断贫困个体的生存能力是否被剥夺呢？阿马蒂亚·森认为，"自由是人们能够过自己愿意过的那种生活的'可行能力'"，"包括免受困苦诸如饥饿、营养不良、可避免的疾病、过早死亡之类——基本的可行能力，以及能够识字算数、享受政治参与等等的自由"。如果个体缺失这些能力，则可以判定"可行能力被剥夺"。

因此，政府层面要积极进行引导，参与乡村振兴战略除了由原来的高职院校、行业企业、政府等主体之外，农村和个体农民也要参与进来，变多元主体为全员主体，注重激发乡村内生发展动力。同时，政府还要继续开展美丽乡村建设项目，做好"扶资""扶业"，为乡村发展提供方向和途径，职业院校则继续做好"扶志""扶心""扶智"工作，解决除了收入贫困以外的文化贫困、精神贫困等问题，为乡村振兴培养所需的各种技能人才。通过"以农为本"的价值观，为乡村发展寻找"外推"与"内生"共进式振兴的发展道路，为乡村的繁荣发展提供不竭的动力源泉。

第二章
政策演变：乡村振兴战略的历史沿革

乡村是中国重要的组成部分。"乡村兴则国家兴，乡村衰则国家衰。"自古以来，农业农村农民都是关系国计民生的大事。中国共产党自成立以来，把农业农村农民问题作为全部工作的重中之重。乡村振兴战略是在党的十九大上提出来的科教兴国战略、人才强国战略、创新驱动发展战略、乡村振兴战略、区域协调发展战略、可持续发展战略、军民融合发展战略"七大战略"之一，是新时代做好"三农"工作的顶层设计。乡村振兴作为一种实践和行动，并不是现在才有的，而是经过一个漫长的发育过程，有着丰富的历史积淀。我国历史上关于乡村建设的思想，对于今天全面推进乡村振兴有着启示意义。要深刻理解和推动乡村振兴战略，必须从我国农村发展的历史沿革维度来准确把握乡村振兴战略提出的背景和未来前景，进而清楚认识乡村振兴这一伟大命题"从何处来""向何处行"，促进理论与实践的较好结合，推动我国乡村全面振兴，实现农村经济高质量发展。

一、乡村先声：民国时期乡村建设运动的实践和尝试

乡村建设运动是 20 世纪 20 年代至 40 年代，当时的一部分爱国精英人士在中国某些农村开展的一场乡村建设改良运动。晏阳初、陶行知、梁漱溟、卢作孚等知识分子分头实施乡村建设试验，其中，晏阳初、梁漱溟和卢作孚三人被并称为"民间乡建三杰"，他们希望通过乡村建设运动复兴濒临崩溃的中国乡村。抗日战

争爆发后，晏阳初将他建设的乡村建设学院转移到菲律宾，在那里继续开展乡村建设运动。而发生在中国这场浩浩荡荡的乡村建设改良运动就此偃旗息鼓了。这一时期的乡村建设运动是以救国为目标的，可是并没有被当时的中央政府接受，而是被当地的地方政府采纳了。

习近平总书记在 2017 年 12 月召开的中央农村工作会议上的讲话中指出："新中国成立前，一些有识之士开展了乡村建设运动，比较有代表性的有梁漱溟先生搞的山东邹平试验，晏阳初先生搞的河北定县试验。"20 世纪初期兴起的乡村建设运动是在特定时代背景下，知识分子以宏阔的视野、饱满的深情进行的具有重要理论和现实意义的乡村实践，这些具有初期实验性质的乡村建设贯穿历史和现实，兼具理论与实际，较好阐释了中华民族在近现代转折期的理论成果和实践路径，更是传统乡村在近现代化进程中新实践新图景的生动展示，是基于大变革时代背景下对乡村建设历史与时代价值的新探索。

（一）定县实验

20 世纪三四十年代，晏阳初立足以民为本的价值信仰，积极响应蔡元培、梁启超等人倡导的教育改革运动，推行平民教育与乡村改造实践。自 1926 年起，在河北省定县作为乡村改造试验区开展乡村建设实验。他以解决人民大众的贫、愚、弱、私"四大病"为着力点，采取以平民教育为抓手开展乡村改造，以"生存技能"教育解决乡村之"贫"，培育乡民的"内生力"；以"文字艺术"教育解决乡村之"愚"，培育乡民的"学识力"；以"全民卫生"教育解决乡村之"弱"，培育乡民的"身体力"；以"国民一体"教育解决乡村之"私"，培育乡民的"凝聚力"。这些举措还吸引大量留学归国的硕士博士与他一起参与乡建事业，创造了一整套乡村建设的理论和经验，后来被称为定县实验。晏阳初认为，推进中国社会改造与发展的可持续的基础，在于培育思想觉醒、权利自主、组织化的新民，成为乡村改造的主体。而这又需要兼具现代科学知识与世界眼光的乡建人才到人民中间去。晏阳初所提出的人的建设问题以及在实践中创制的农村综合改造方案，不仅是平教运动与乡村建设的工作核心，也是今天的中国远未完成的事业。20 世纪 80

年代有关统计显示，定州（定县）是河北省内唯一一个无文盲县；20 世纪 20 年代晏阳初引入的棉花、苹果树、白杨树等农作物、经济作物的优良种子和引入培育的优良品种的鸡等家禽家畜仍然受到当地农民的欢迎。定县经验不但在当时推动了中国的乡村建设，至今仍然是广大的第三世界国家进行乡村改造运动的蓝本。

（二）邹平模式

梁漱溟是 20 世纪新儒学的代表人物，也是乡村建设理论与实践的代表人物。他以儒家思想为主导或者导向，强调传统的伦理本位，主张知识分子与乡村打成一片，注重培育人的精神，以解决农村文化失调与破产的问题为目标，提出明确的乡土建设理论主张，不仅试图解决中国的乡土问题，而且对整个现代的乡土问题进行系统地思考。不仅如此，梁漱溟还先后在广东、河南等地参与乡治运动，积累不少实践的经验；随后在 20 世纪 30 年代（1931—1937 年），他到山东曹州、邹平、菏泽等地推动乡村建设运动，创办山东乡村建设研究院，建立乡村建设实验区与县政建设实验区等。

梁漱溟自 1931 年到 1933 年先后采取举办乡村教师假期讲习班、农产品展览会、推广农业科技、创办乡农学校、培养高层次人才等措施为开端，开启乡村建设实验。有了前期良好的开端，梁漱溟开展的乡村建设运动主要包括"政、教、养、卫"四个方面。政即县政改革，教即乡学和村学，养即发展经济解决民生，卫即开展乡村自卫。后来在山东省政府的支持下，在原有邹平一个县政改革实验县的基础上，扩展到整个鲁西南地区，到 1937 年，试验区推广到山东七十余个县。梁漱溟试图将其理论思辨与社会实践相结合，成为 20 世纪中期我国乡村建设运动的代言人之一。但实践证明，梁漱溟的乡村建设道路，一方面当时的社会在国民党统治下，土地归大地主阶级所有，乡村建设的社会基础不具备，农民没有土地所有权，赋税相当重，传统的乡村建设很难推动社会的变革和进步；另一方面，根据历史发展的规律，农业立国很难，最终仍需要开展工业化和城市化建设。梁漱溟提出他的"中国乡村建设"理论，并付诸实践。

（三）北碚乡建

卢作孚是我国近代著名爱国实业家、教育家、社会活动家。卢作孚的乡村建设理论最早见于 1925 年在其家乡合川写成的《两市村之建设》一文。为系统阐述合川以及嘉陵江三峡地区开展乡村建设实验构想，卢作孚对两地社会经济状况、资源状况和自然条件，特别是乡村状况进行了认真地实地调查研究。后来，卢作孚在《乡村建设》一文中，对乡村建设作了更为系统具体的阐述。他认为，乡村建设应分为经济、文化、治安、游览四个方面。经济方面，包括矿业、农业、工业、商业、金融；文化方面，包括研究、教育；治安方面，包括军事和警察。同时，他还提出乡村现代化的目标。卢作孚推动乡村建设的初衷，是要"赶快将这一个乡村现代化起来"，以供中国"小至乡村，大至国家的经营的参考"。"解决乡村的问题，才能解决中国的问题。"卢作孚认为，乡村建设的意义是要在现代化进程中起到典型示范的作用，提升经济水平、重建新的社会体系、建设公共道德……卢作孚全面地推进北碚乡村建设运动。这便是卢作孚开始建设北碚时的理想，建设一个现代社会的理想。"以交通建设为先导、以产业建设为重点、以乡村城镇化带动、重视文化教育事业"的乡村建设之路，将重庆北碚这样一个贫穷落后、盗匪横行的乡场，变成具有现代化雏形的花园城市，展现了乡村发展转型的惊人爆发力。按黄炎培的说法，"那时从普通地图上找北碚两个字，怕找遍四川全省还找不到，可见这小小地方，还没有资格接受地图编辑专家的注意"，可此时，仿佛一夜之间，北碚却已成为海内外知名的美丽小城，成为"重庆的一颗明珠"。一家外国报纸更是惊呼北碚是迄今为止中国城市规划最杰出的例子，是"平地涌现出来的现代市镇"。社会改革试验，是开展北碚乡村建设、筑梦中国现代化的起步。他的每个试验在那个年代都是为了国家、民族的前途命运，永载史册。

20 世纪初期兴起的乡村建设运动，是由晏阳初引领，陶行知、梁漱溟、卢作孚等分头实施，众多知识分子参与的一次改造农村的启蒙运动，也是中国历史上一次大规模的基层改造试验。正如舒尔茨（1999）提出的传统农业观念指出："长期以来，传统农业一直被作为一种特殊类型的经济均衡状态。在达到这种类型均衡状态的过程中，物质生产要素的存量和劳动力是主要的变量。再生产性物质要素存量的构成和数量可以通过投资和负投资来加以改变。可以获得并开发新土地，作为土地的一部分的建筑物也可以改变。在达到这种类型均衡状态的过程中，还可以从进一步的分工中得到某些好处。"在当时知识界的普遍认知中，农村对国家的经济、政治、文化具有决定性意义。因此，农村破产即国家破产，农村复兴才是民族复兴。乡村建设运动本质上是一群忧国忧民、富于社会责任感和历史使命感的知识分子发起的一场爱国救国运动。

二、革命火种：新民主主义革命时期党的乡村政策

历史上我国一直是以农业为主，因此，农业一直是我国事关国计民生的大问题。尤其是进入近代以来，由于清政府的闭关锁国、腐败无能，我国陷入了内忧外患、备受外国列强欺凌的屈辱境地。近代中国战乱频发、山河破碎，处于社会底层的农民更是命运悲惨。清政府被推翻后，国民政府的苛捐杂税丝毫没有减少，反倒愈演愈烈，导致民不聊生、怨声载道。中国共产党成立后，处理好农民与土地的关系始终是中国共产党"三农"工作的重要内容，党对农民、农村的政策是伴随着对革命场景下农民的地位和作用不断进行深化。回顾梳理总结中国共产党农村政策的演进历程和取得的成效经验，对进一步完善农村土地制度，维护农民根本利益，促进乡村全面振兴，具有重要的理论和实践意义。

（一）新民主主义革命时期农村政策演变

1. 建党初期和大革命时期（1921—1927 年）

中国共产党建立初期就已经开始关注农村农民问题，进行了一些理论准备和实践摸索，并在革命实践中不断深化认识，逐渐形成具有中国实践特色的农业农村政策体系和理论。这一时期的政策主要体现为对农民土地权的分配。1921 年 7月，中共一大通过《中国共产党纲领》，提出要消灭资本家私有制，没收机器、土

地、厂房和半成品等生产资料。1923 年 6 月，中共三大关注的焦点是推进国共合作，没有把农民运动作为紧要任务。在此之后，农村政策主要体现在为农民减租减息，同时限制田租增加。陈独秀提出："农民居住散漫势力不集中；文化低下，生活欲望简单，易于趋于保守；中国土地广大易于迁徙，畏难苟安。这三种环境是造成农民难以加入革命运动的原因。"随着对农民运动认识的深入，1925 年 1 月，中共四大首次提出农民是中国革命的"重要成分"，"天然是工人阶级之同盟者"。毛泽东在《湖南农民运动考察报告》中指出"没有贫农，便没有革命"。为平息党内争论，中共五大肯定"将耕地无条件地转给耕田的农民"的革命原则是正确的，但同时又提出小地主的土地不没收、没收地主土地必须先取得"小资产阶级"的同意等限制性条件。综上，从中共一大到中共五大，党对农民和土地问题的认识逐步深化，并在党内进行认真讨论，为开展土地革命打下了思想基础。

2. 土地革命时期（1927—1937 年）

这一时期主要是"打土豪，分田地"政策的确立及其落实路径的探索。1927 年 4 月，国民党发动反革命政变，大革命失败；"八一"南昌起义失败后，中共中央根据革命形势立即调整革命方针，8 月 7 日，召开会议确定土地革命和武装斗争的总方针，中国革命由此进入土地革命阶段，并将"打土豪、分田地"确立为土地革命的核心内容，但在土地所有权归属、没收土地的范围等具体政策界线上，经历了曲折的探索完善过程。1928 年 6 月，中共六大通过《土地问题决议案》，提出无代价地没收豪绅地主阶级土地归苏维埃，分配给无地及少地的农民。1928 年年底，毛泽东设计制定《井冈山土地法》，提出没收一切土地归苏维埃政府所有；为广泛争取富农和中农支持，1929 年 4 月主持制定《兴国土地法》，又将这一规定修改为"没收一切公共土地及地主阶级的土地"。1930 年 10 月在峡江会议通过的《对于土地问题决议》中指出，土地国有在目前是一个宣传口号，如果机械地宣布国有，则违反了农民现时要分土地的私有要求，是没有好影响的。1931 年 11 月，中华工农兵苏维埃第一次全国代表大会通过《中华苏维埃共和国土地法》，提出平均分配一切土地，是消灭土地上一切奴役的封建关系及脱离地主私有权最彻底的办法，这个办法不能由命令来强制执行，必须向农民各方面来解释这个办法，只有在基本农民群众意愿和直接拥护之下，才能实行。这一时期，党先后颁布多个土地法，在实践中不断探索完善土地改革政策界线，既坚决消灭地主剥削农民的封建土地关系，又努力满足苏区农民对土地权利的合理诉求，为开展土地革命奠定了重要基础。

3. 抗日战争时期（1937—1945 年）

这一时期中国共产党主要是实行减租减息政策以促进统一战线的形成。日本帝国主义发动卢沟桥事变，中华民族面临生死存亡的严重威胁。因此，当时的社会主要矛盾由阶级矛盾转化为中日之间的民族矛盾。中国共产党积极倡导建立并坚决维护巩固发展抗日民族统一战线。1937 年 2 月，在《中共中央致国民党五届三中全会电》中提出停止没收地主土地之政策，坚决执行抗日民族统一战线之共同纲领。同年 8 月，在洛川召开会议，通过《中国共产党抗日救国十大纲领》，阐明中国共产党在抗日战争时期要坚持走长期抗战、争取最后胜利的具体道路，决定"废除苛捐杂税，减租减息"，确立农民问题的基本纲领。1941 年《陕甘宁边区土地租佃条例》明确减租减息的具体规定。尤其是抗日战争进入相持阶段后，为了度过严重的困难时期，1942 年 1 月 28 日中共中央通过《关于抗日根据地土地政策的决定》，确定扶助农民、减轻地主阶级的封建剥削、实行减租减息三项基本原则。1944 年通过《陕甘宁边区地权条例》，对减租减息政策进一步明确。1945 年 4 月，毛泽东主席在党的第七次全国代表大会上提出："抗日期间，中国共产党让了一大步，将'耕者有其田'的政策，改为减租减息的政策。减租减息政策在抗日战争时期保障了广大农民的利益和抗日民族统一战线的形成，体现了党的土地政策在原则性与灵活性上的有机统一。"

4. 解放战争时期（1945—1949 年）

抗日战争胜利后，党敏锐洞察到国民党反动派发动内战的野心，及时调整土地政策。1946 年 5 月，中共中央发出《中央关于土地问题的指示》（史称《五四指示》），实行"耕者有其田"的政策，进一步调动农民的革命和生产积极性。1947 年 7 月，中央工作委员会在西柏坡召开全国土地会议，会议持续两个月，最后通过《中国土地法大纲》。《大纲》规定彻底平分土地的基本原则，规定"废除封建性和半封建性剥削的土地制度，实行耕者有其田的土地制度"；"废除一切地主的土地所有权"。为在全国消灭封建剥削的土地制度提供了基本纲领，为新民主主义革命的胜利奠定了政治基础。同年12月，毛泽东在《目前形势和我们的任务》中指出："土地制度的彻底改革，是现阶段中国革命的一项基本任务。如果我们能够普遍地彻底地解决土地问题，我们就获得了足以战胜一切敌人的最基本的条件。"解放战争的胜利，充分证明党的"耕者有其田"政策的伟大正确性。

（二）新民主主义革命时期党的"三农"政策的政策导向

通过梳理新民主主义革命时期农村政策演变历程，可以看出，中国共产党一直以来都把为人民谋幸福和为民族谋复兴作为初心使命，今天，发展到9000多万党员的百年大党依然坚持这一初心。在这一时期，中国共产党团结带领农民翻身革命，把胜利的果实同农民一起分享，为农民分土地，真正做到"耕者有其田"。同时，注重将马克思主义基本原理同中国农村农民实际相结合，逐步认识到农村农民在民族独立和解放中的重要地位和作用，针对发展变化不断进行探索，成功把握和解决了中国革命中最基础、最关键的农民土地问题，制定出适应不同革命形势要求的土地政策和具体措施，充分调动广大农民革命和生产的积极性。

三、发展根基：中华人民共和国成立初期至改革开放新时期的 "三农"政策演变

纵观我国"三农"政策的演变，按照组织形式大致可以分为三个阶段。这三个阶段分别是集体化阶段（1949—1978年）、市场化阶段（1978—2002年）、统筹化阶段（2003年至今）。通过梳理新中国成立以来党的农村主要政策与制度的变迁，总结概括各个阶段制度形成的缘由、结果和特点。在集体化阶段，围绕土地集体所有而形成的人民公社化制度、统购统销制度和户籍制度，是计划经济在农村的制度支撑和体现，国家由此实现对农业的集中管理，进而奠定了工业化的基

础。在市场化阶段，农村基本经营制度、政社分立、基层群众自治制度、逐步放开农民进城务工、取消农业税等政策和制度的实行，极大地改变了农村的面貌，也带来了"三农"问题、城乡发展差距扩大等问题。其主要特点是放活还权，减弱控制。统筹化阶段，党中央连续出台 19 个中央一号文件，实施农业补贴、改革户籍制度、城乡统筹、加快形成城乡经济发展、一体化新格局、融合发展、取消农业税、实施乡村振兴战略，大力发展农业农村经济，农村居民收入和生活水平显著提高，实现从贫困到温饱再到小康进而全面小康的历史性跨越。70 多年党的农村政策与制度变迁，展现了从城乡分治到城乡统筹到乡村振兴的图景，体现了从管制到管理到治理的转型，所积攒的宝贵经验蕴含着执政党初心、国家力量和农民群众智慧。

（一）社会主义革命和建设时期——集体化阶段（1949—1978 年）

中国人民政治协商会议第一届全体会议于 1949 年 9 月召开，会上通过了《中国人民政治协商会议共同纲领》等文件。《共同纲领》提出"有步骤地将封建半封建的土地所有制改变为农民的土地所有制"。此后一直到 1953 年，在中国共产党的领导下，全国开展了轰轰烈烈的土地改革，对新解放区占全国人口一半多的农村进行土地制度的改革。土地改革的结果是，全国有 3 亿多农民无偿分得了约 7 亿亩土地和大批的生产资料，成为土地的主人，结束了 2000 多年土地归封建地主所有的土地制度。土地改革的完成，农民终于翻身成为自己的主人，真正实现了中国农民数千年来拥有土地的夙愿。农民翻身成为自己的主人，也成了土地的主人，彻底摧毁封建土地剥削制度，广泛调动了农民参与社会主义革命和建设的积极性和主动性。

由于当时农业生产力水平比较落后，为了提高农业生产力，在土地改革的过程中建立以贫雇农为核心的农民协会，开始轰轰烈烈地对农业的社会主义改造。先是把分散的、落后的、不稳定的、再加上生产工具简陋的个体农民联合起来成立互助组，兴修水利，提高抗自然灾害能力。后来，在互助组的基础上开展农业合作社改革，分别成立初级农业生产合作社和高级农业合作社，提升农业的生产力水平。自 1953 年到 1956 年，仅仅用了四年时间就基本完成了对农业的社会主义改造，我国农村经济进入了集体化发展阶段。

（二）改革开放和社会主义现代化建设新时期——市场化阶段（1978—2003 年）

1978 年，党的十一届三中全会召开，我国开始实行改革开放。其中，对内改革跟新民主主义革命一样也首先从农村开始。安徽省凤阳县小岗村实行"分田到户、自负盈亏"的家庭联产承包责任制，中国由此拉开了对内改革的大幕。从对农业的社会主义改造完成到人民公社，再到实行家庭联产承包责任制，我们党不断探索农民、农村和农业的发展问题。实行家庭联产承包责任制是我国对内改革的新起点。此后，全国上下轰轰烈烈地迈开改革的大步伐，农民的积极性得到很大提高，农村的生产力得到较大幅度提升，基本解决农民的温饱问题，同时也逐步实现农村经济由计划经济向市场经济的转型，进入到农村经济市场化和统筹化阶段。1991 年党的十三届八中全会明确提出，家庭联产承包为主的责任制必须长期保持稳定，并不断充实完善。党的十七届三中全会提出，"赋予农民更加充分而有保障的土地承包经营权，现有土地承包关系要保持稳定并长久不变"。同时，农村联产承包责任制的全国推广，也促进乡村治理体系和治理方式的变革。在农村联产承包责任制实施之前，我国对农村的管理机制是人民公社、政社一体。农村联产承包责任制推行以后，这种政社一体的人民公社制度无法满足乡村治理的需要。因此，需要探索建立政社分离制度。于是，在 20 世纪 80 年代初期，我国开始撤社建乡（镇），以乡（镇）政府取代之前的人民公社，实现了农村管理制度的改革。随着改革开放政策的推进，农村乡镇企业异军突起，为农村经济的发展注入了强大活力。改革开放也逐渐由以农村为中心转向了城市，再次形成"农村包围城市"的局面。

（三）社会主义现代化建设新时期——统筹化阶段（2003—2012 年）

这一时期的重大事件就是自 2006 年 1 月 1 日起，我国取消农业税，让 9 亿农民彻底告别了延续两千多年的"皇粮国税"。这是中国农民命运开始重大变化的标志性事件。时任国务院发展研究中心农村经济研究部副部长谢扬评价:"废止农业税条例,标志着中国农民的命运开启了一个不同以往任何历史时期的崭新阶段。"

四、振兴之路:新时代以来"三农"政策指向

党的十八大以来,以习近平同志为核心的党中央推动"三农"工作实践创新、理论创新、制度创新,进一步深化农村综合改革,构建农村改革的"四梁八柱"。习近平总书记作出的一系列关于确保粮食安全、全面深化农村改革、加快新农村建设、转变农业发展方式、促进农民增收致富等重要论述,既有如何准确认识和把握现阶段"三农"问题的本质,又有如何深化改革以加快"三农"问题的解决。同时,他也对深化农村改革提出了需要坚持的原则和不能触碰的底线。这套系统的"三农"理论体系是政府制定"三农"政策的依据,也是指导当前和今后一个时期中国"三农"工作实践的重要依据。关注粮食安全,提出新时代我国粮食安全战略是"谷物基本自给,口粮绝对安全";深化农村改革,提出农村土地所有权、承包权、经营权"三权分置"思想;统筹城乡发展,提出"工农互促、城乡互补、全面融合、共同繁荣"的新型工农城乡关系。推进农村土地三权分置改革、农村一、二、三产业融合发展,构建农业与二、三产业相融合的现代农业产业体系,鼓励返乡创业,支持创办农村产业融合类项目,防治土壤污染,开展循环农业建设等。这些重要论述涵盖我国"三农"工作的重要领域,构成一整套系统解决中国"三农"问题的理论体系和政策指引。

(一)国之大计:党的十八大以来农业农村政策分析

党的十八大以来,党和国家坚持把解决好农业农村农民问题作为国计民生的基础性、战略性重大问题,深入推进城乡发展一体化。党的十九大报告中提出,要实施乡村振兴战略。这是党和国家的重大战略部署,是一篇全面振兴的大文章。

习近平总书记明确提出，"中国要强，农业必须强；中国要美，农村必须美；中国要富，农民必须富"，这一重大论断将"三农"的振兴与民族的复兴紧紧地联系在一起，这犹如乡村振兴战略启动前的第一声春雷，也仿佛中国式现代化的第一缕春风。习近平总书记强调，实现乡村振兴是前无古人、后无来者的伟大创举，没有现成的、可照抄照搬的经验。农业一直以来是我国的根本大计，乡村振兴是解决"三农"问题不可或缺的组成部分，当今的"三农"问题现状不容忽视，"三农"问题的解决关系到乡村振兴战略能否实现。农村改革作为我国改革开放的切入点和先手棋，在深化改革全局事业中一直占据重要地位。推进乡村治理体系和治理能力现代化，夯实乡村振兴基层基础，对于保障经济持续健康发展和社会大局稳定、如期实现第二个百年奋斗目标具有基础性作用。乡村振兴国家战略明确后，从中央到地方密集出台各类落地实施政策，目前已形成由整体指导到具体部署的立体化政策体系，乡村振兴的画卷正徐徐展开。

2004—2023年，中央一号文件连续20年聚焦"三农"，强调"三农"问题在中国社会主义现代化建设中的重中之重地位。每份文件都是针对当时"三农"发展呈现的新问题、新矛盾和新举措而出台的政策文件。每年的文件主题基本是围绕农民增收、改善民生、建立循环农业等展开的。从历年政策重点来看，一年一个重点，一个问题一个问题解决；既注重农民收入增长，又重视提高农业综合生产能力；既要加强新农村建设和农村基础设施建设，又要建立新型农业经营体系，大力发展现代农业。

党的十八大以来，是我国农业农村发展最快、农民收入快速增长和各种社会保障逐步完善的时期，各地城乡一体化发展取得显著成效。这要得益于我国国民经济的持续快速增长，具备实施一系列强农、惠农、富农政策的经济实力，同时党中央明确统筹城乡经济社会发展战略，并密集出台和实施一系列强农、惠农、富农政策。城乡融合发展提供乡村产业融合发展的体制基础，"三农"投入稳定增长奠定了产业融合发展的物质条件，城乡融合发展战略的制定与实施，使乡村产业融合通过资源共享、要素流动、资源优化配置而成为可能。

2012年，党的十八大进一步对城乡一体化发展作出制度性安排。党的十八届三中全会通过《中共中央关于全面深化改革若干重大问题的决定》。该《决定》对如何健全城乡一体化体制机制作出了全面部署。党的十九大作出了要实施乡村振兴战略的重大部署，并提出城乡融合发展的战略思想和要求。

2014—2016 年，连续三年聚焦"农业现代化"建设问题，影响和意义深远，也由此反映出党中央高度重视解决"三农"问题的立场和行动。2014 年中央一号文件《关于全面深化农村改革加快农业现代化的若干意见》强调通过全面深化农村改革，包括农业保护制度、农业可持续发展长效机制、土地制度、金融制度、城乡一体化体制、乡村治理体制改革等，加快推进农业现代化。2015 年中央一号文件《关于加大改革创新力度加快农林现代化建设的若干意见》强调全面深化农村改革，全面推进农村法治建设，推动新型工业化、信息化、城镇化和农业现代化同步发展，努力在提高粮食生产能力上挖掘新潜力，在优化农业结构上开辟新途径，在转变农业发展方式上寻求新突破，在促进农民增收上获得新成效，在建设新农村上迈出新步伐，为经济社会持续健康发展提供有力支撑。2016 年中央一号文件《关于落实发展新理念加快农业现代化实现全面小康目标的若干意见》，强调落实发展新理念加快农业现代化，要牢固树立和深入贯彻落实创新、协调、绿色、开放、共享的新发展理念，大力推进农业现代化，必须着力强化物质装备和技术支撑，着力构建现代乡村产业体系、生产体系、经营体系，实施藏粮于地、藏粮于技战略，推动粮经饲统筹、农林牧渔结合、种养加一体以及第一、第二、第三产业融合发展，让农业成为充满希望的朝阳产业。

2017 年中央一号文件《中共中央 国务院关于深入推进农业供给侧结构性改革 加快培育农业农村发展新功能的若干意见》，针对我国农业面临的主要矛盾已由总量不足转变为结构性矛盾，且矛盾的主要方面在供给侧的特点，直接聚焦农业供给侧结构性改革，提出要在确保国家粮食安全的基础上，紧紧围绕市场需求变化，以增加农民收入、保障有效供给为主要目标，以提高农业供给质量为主攻方向，以体制改革和机制创新为根本途径，优化乡村产业体系、生产体系、经营体系，提高土地产出率、资源利用率、劳动生产率，促进农业农村发展由过度依赖资源消耗、主要满足量的需求，向追求绿色生态可持续、更加注重满足质的需求转变。

2018年中央一号文件《中共中央 国务院关于实施乡村振兴战略的意见》发布，明确实施乡村振兴战略的目标任务、基本原则，更加突出农业农村农民问题是关系国计民生的根本性问题的地位，同时彰显了党中央、国务院要解决好"三农"问题的决心和信心。

2019年中央一号文件《中共中央 国务院关于坚持农业农村优先发展做好"三农"工作的若干意见》发布，提出要紧紧围绕统筹推进"五位一体"总体布局和协调推进"四个全面"战略布局，牢牢把握稳中求进工作总基调，落实高质量发展要求，坚持农业农村优先发展总方针，以实施乡村振兴战略为总抓手，对标全面建成小康社会"三农"工作必须完成的硬任务，适应国内外复杂形势变化对农村改革发展提出的新要求，抓重点、补短板、强基础，围绕"巩固、增强、提升、畅通"深化农业供给侧结构性改革，坚决打赢脱贫攻坚战，充分发挥农村基层党组织战斗堡垒作用，全面推进乡村振兴，确保顺利完成到2020年承诺的农村改革发展目标任务。

2020年中央一号文件《中共中央 国务院关于抓好"三农"领域重点工作确保如期实现全面小康的意见》，仍然聚焦"三农"领域。文件指出，2020年是全面建成小康社会目标实现之年，是全面打赢脱贫攻坚战收官之年。完成两大目标任务，脱贫攻坚最后堡垒必须攻克，全面小康"三农"领域突出短板必须补上。脱贫攻坚质量怎么样、小康成色如何，很大程度上要看"三农"工作成效。务必深刻认识做好2020年"三农"工作的特殊重要性，毫不松懈，持续加力，坚决夺取第一个百年奋斗目标的全面胜利。同时，对抓好"三农"领域重点工作作出了具体要求和部署。

2021年中央一号文件《关于全面推进乡村振兴加快农业农村现代化的意见》，文件聚焦新发展阶段的"三农"工作，将对于全面脱贫攻坚战之后的农村发展制定新的任务和目标。《意见》对于发展不平衡不充分问题、农业农村短板弱项问题、城乡协调发展问题提出解决方案；对于构建新发展格局、扩大农村需求、畅通城乡经济循环等方面提出规划和远景前瞻。

2021 年 3 月 22 日，中共中央、国务院发布《关于实现巩固拓展脱贫攻坚成果同乡村振兴有效衔接的意见》，指出打赢脱贫攻坚战、全面建成小康社会后，要进一步巩固拓展脱贫攻坚成果，接续推动脱贫地区发展和乡村全面振兴。文件明确，在脱贫攻坚目标任务完成后，设立 5 年过渡期，做好过渡期内领导体制、工作体系、发展规划、政策举措、考核机制等有效衔接。综合来说，文件中的规划方面主要分为政策规划和产业规划，政策规划中主要指出乡村振兴未来相关帮扶政策制定的方向和重点，产业规划中主要阐明乡村振兴中的产业发展规划。

2022 年中央一号文件《中共中央 国务院关于做好 2022 年全面推进乡村振兴重点工作的意见》，这个文件在标题中明确提出了"2022 年"，这与前几个一号文件有了名称上的区别，同时也发出一个很重要的信号，即从 2017 年党的十九大提出乡村振兴战略之后，实施这一重大战略，党中央这些年是一以贯之的。也就是说，乡村振兴是一项长期的任务，需要一年又一年地接续开展。2022 年中央一号文件中突出了"稳住农业基本盘"的总基调。通过守牢保障国家粮食安全和不发生规模性返贫两条底线，最终要确保农业稳产增产、农民稳步增收、农村稳步安宁的目标。持续推进农村一、二、三产业融合发展和加快城乡融合发展是乡村振兴战略的重要任务。在加快城乡融合发展方面，习近平总书记在 2020 年中央农村工作会议讲话中指出："要把县域作为城乡融合发展的重要切入点，推进空间布局、产业发展、基础设施等县域统筹，把城乡关系摆布好处理好，一体设计、一并推进。要强化基础设施和公共事业县乡村统筹，加快形成县乡村功能衔接互补的建管格局，推动公共资源在县域内实现优化配置。"该文件多次提到要高度重视县域发展，这是加快推进城乡融合发展的重要着力点。

2023 年中央一号文件《中共中央 国务院关于做好 2023 年全面推进乡村振兴重点工作的意见》出台，这是新世纪以来第 20 个指导"三农"工作的中央一号文件。该文件的标题与 2022 年的中央一号文件标题相同，这说明 2023 年的工作依然是延续了 2022 年的工作，是在一体谋划和布局的，是乡村振兴这一重要战略的分年度任务落实，是接续 2022 年的工作基础上进一步开展的。党的二十大报告把"全面推进乡村振兴"单独成段，还进一步提出要"加快建设农业强国，扎实推动乡村产业、人才、文化、生态、组织振兴"。2023 年也是贯彻党的二十大精神,加快建设农业强国的起步之年。国务院发展研究中心农村经济研究部部长叶兴庆指出,"起步之年,方向感很重要。今年的中央一号文件既强调要锚定农业强国目标,又体现了一个重要的方法论,就是要从当下做起、解决好三农实际问题,这也就是在向农业强国的目标迈进"。因此,2023 年中央一号文件聚焦狠抓落实,突出工作部署指导性、政策举措针对性,既是明确全年工作重点的"任务清单",也是指导全面推进乡村振兴的"操作手册"。包括 9 个部分 33 条,主要内容可以概括为守底线、促振兴、强保障。守底线就是坚决守牢确保国家粮食安全、防止发生规模性返贫底线;促振兴是围绕总体目标推进产业发展、乡村治理等领域的振兴;强保障就是加强组织领导。强调强化政策保障和体制机制创新,加强党对"三农"工作的全面领导。概括起来就是,突出抓紧抓好粮食和重要农产品稳产保供、加强高标准农田建设、深入实施种业振兴行动和推动乡村产业高质量发展"四条主线"。

(二)国之要者:产教融合战略与乡村振兴战略契合关系

近年来,随着《国务院办公厅关于深化产教融合的若干意见》《国家职业教育改革实施方案》《关于深化现代职业教育体系建设改革的意见》《职业教育产教融合赋能提升行动实施方案(2023—2025 年)》等一系列关于加快形成教育与产业统筹融合,实现良性互动的政策文件的出台,对职业教育与产业融合提出了政策指向与实施路径。同时,职业教育与乡村振兴战略中的"五大振兴"具有高水平的耦合匹配。就职业教育而言,提高了其服务经济社会发展的适应性;就乡村振兴战略而言,则是注入了更多的"活水",推动其更好地实现。

党的十八大以来,党中央明确统筹城乡经济社会发展战略,并密集出台和实施了一系列强农、惠农、富农政策。城乡融合发展提供了乡村产业融合发展的体制基础,"三农"投入稳定增长奠定了产业融合发展的物质条件,城乡融合发展战略的制定与实施,消除了长期以来城乡分割、农业与工业分立发展的制约,同时消除了城市对乡村的辐射带动效应和乡村对城市的正向反馈效应难以有效发挥的体制性障碍,使乡村产业融合通过资源共享、要素流动、资源优化配置而成为可能。解决"三农"问题一直是国家工作的重点,党中央立足于我国"三农"问题的基本国情,提出农村一、二、三产业融合发展的理念。当前农村以农业、制造业和服务业为主,分别对应一、二、三产业。其中,农业是基础,制造业、服务业则是围绕农业结合当地区位特点和农业特色,不断开创的新产业、新业态,推动一、二、三产业深度融合和一、二、三产业各要素跨界配置与产业有机融合,实现以农村的第一产业起步,达到"接二连三"的效果,让农村的一、二、三产业在融合发展中同步升级、同步增值、同步受益。这样一、二、三产业融合发展的思想和政策方向,成为农业农村发展的新思想、新途径。纵向来看,党中央关于乡村产业融合思想的形成和发展大致经历了三个发展阶段。

1. 乡村产业融合思想的孕育阶段

党的十八大报告明确提出农业现代化的思想,坚持走中国特色新型工业化、信息化、城镇化、农业现代化道路,明确定位农业现代化与其他三化同等重要、不可替代,并且表述四化之间相互依存、相互促进的关系,为乡村产业融合发展打下了理论和政策基础。党的十八大之后,有关"三农"问题和农业现代化发展的理论和政策表述相比之前有以下特点:

第一,更加重视推进建设小康社会和构建"四化同步协调发展"体系。党的十八大首次将农业现代化提升到"工业化、信息化、城镇化"的高度,即"四化同步协调发展"。党的十八大报告提出加快农业现代化的方式是"加快发展现代农业,增强农业综合生产能力,确保国家粮食安全和重要农产品有效供给",以及"发展农民专业合作和股份合作,培育新型经营主体,发展多种形式规模经营,构建集约化、专业化、组织化、社会化相结合的新型农业经营体系",这些表述为农业现代化发展指明了方向。2013年12月召开的中央农村工作会议明确提出,"小康不小康,关键看老乡","农业还是'四化同步'的短腿,农村还是全面建成小康社会的短板"。2013年《关于创新机制扎实推进农村扶贫开发工作的意见》明确提出,"全面建成小康社会,最艰巨最繁重的任务在农村特别是贫困地区"。

第二,更加重视加快发展现代农业和构建新型农业经营体系。党的十八大报告提出,要加快发展现代农业,增强农业综合生产能力,还提出要发展农民专业合作和股份合作，培育新型经营主体，发展多种形式规模经营，构建集约化、专业化、组织化、社会化相结合的新型农业经营体系。经营主体是农业现代化的微观主体和支撑，同时也是产业融合的微观主体和支撑，此表述已经为乡村产业融合发展做了铺垫。2013 年中央一号文件《中共中央 国务院关于加快发展现代农业进一步增强农村发展活力的若干意见》中，对发展现代农业作出全面部署，提出要努力提高农户集约经营水平，大力支持发展多种形式的新型农民合作组织，培育壮大龙头企业。《意见》明确要求，"尊重和保障农户生产经营的主体地位，培育和壮大新型农业生产经营组织"，要"鼓励和支持承包土地向专业大户、家庭农场、农民合作社流转，发展多种形式的适度规模经营"，"构建农业社会化服务新机制，大力培育发展多元服务主体"。党的十八届三中全会通过的《中共中央关于全面深化改革若干重大问题的决定》明确提出，"加快构建新型农业经营体系，坚持家庭经营在农业中的基础性地位，推进家庭经营、集体经营、合作经营、企业经营等共同发展的农业经营方式创新"。2014 年中央一号文件《关于全面深化农村改革加快农业现代化的若干意见》强调，通过全面深化农村改革，包括农业保护制度、农业可持续发展长效机制、土地制度、金融制度、城乡一体化体制、乡村治理体制改革等，加快推进农业现代化。

第三，更加重视加快推进农业发展方式转变和持续增强创新引领发展能力。2014 年中央一号文件提出，"要以解决好地怎么种为导向，加快构建新型农业经营体系；以解决好地少水缺的资源环境约束为导向，深入推进农业发展方式转变；以满足吃得好吃得安全为导向，大力发展优质安全农产品，努力走出一条生产技术先进、经营规模适度、市场竞争力强、生态环境可持续的中国特色新型农业现代化道路"。2014 年中央经济工作会议再次提出要求，"坚定不移推进转变农业发展方式，尽快转到数量质量效益并重、注重提高竞争力、注重农业技术创新、注重可持续的集约发展上来"。

第四，更加重视加快推进循环农业建设和绿色生态发展。党中央、国务院把生态文明建设摆在十分重要的位置，将其纳入"五位一体"总体布局、习近平新时代中国特色社会主义的基本方略、五大新发展理念、三大攻坚战和第二个百年奋斗目标之中，与政治经济社会发展的重大问题放在一起进行部署。具体来说，在"五位一体"总体布局中，把生态文明建设放在突出地位，融入经济建设、政治建设、文化建设、社会建设各方面和全过程，将"坚持人与自然和谐共生"作为 14 条新时代中国特色社会主义基本方略中的一项重要内容，将绿色与创新、协调、开放、共享作为五大新发展理念之一，将污染防治与防范化解重大风险、精准脱贫并行列入三大攻坚战，更是把美丽写入第二个百年奋斗目标中，"到新中国成立 100 年时建成富强民主文明和谐美丽的社会主义现代化强国"。在此基础上，循环农业建设和绿色生态发展是历年中央经济工作会议的一项重要内容。2013 年 12 月召开的中央经济工作会议明确要求，"加强绿色生产，从源头上确保农产品质量安全"。2014 年中央一号文件要求，要建立农业可持续发展长效机制，促进生态友好型农业发展，开展农业资源休养生息试点，加大生态保护建设力度。2014 年 12 月召开的中央经济工作会议提出，"要坚定不移加快转变农业发展方式，走产出高效、产品安全、资源节约、环境友好的现代农业发展道路"。这些工作部署和政策措施的落实，为产业融合发展做出重要铺垫，也凸显推进乡村产业振兴乃至其他四大振兴的重要抓手和实践路径，为乡村经济增长和农村高质量发展提供了新思路。

2. 乡村一、二、三产业融合理念的形成和完善阶段

2014 年 12 月，中央农村工作会议强调，要大力发展乡村产业化，在稳定粮食生产的基础上，积极推进农业结构调整，依靠科技支撑，由"生产导向"向"消费导向"转变，做大做强农业，形成多种新产业、新业态、新模式，培育新的经济增长点。会议首次提出"推进农村一、二、三产业融合发展"，要求"把产业链、价值链等现代产业组织方式引入农业，促进一、二、三产业融合互动"，并进一步提出"延伸产业链、打造供应链、形成全产业链，完善利益联结机制，让农民从产业链增值中获取更多利益"。自此开始，第一、二、三产业融合发展就成为乡村产业发展的目标，并逐步替代乡村产业化。2015 年中央一号文件提出，富裕农民，必须充分挖掘农业内部增收潜力，开发农村第二、三产业增收空间，拓宽农村外部增收渠道，并对推进第一、二、三产业融合发展作出了具体部署。

2015年12月，国务院办公厅发布《关于推进农村一二三产业融合发展的指导意见》。《指导意见》提出，农村第一、二、三产业融合发展的指导思想是"用工业理念发展农业，以市场需求为导向，以完善利益联结机制为核心，以制度、技术和商业模式创新为动力，以新型城镇化为依托，推进农业供给侧结构性改革，着力构建农业与二三产业交叉融合的现代产业体系，形成城乡一体化的农村发展新格局"。《指导意见》对乡村产业融合作出全面、系统而具体的部署，强调以农村第一产业起步，做到"接二连三"，促进三个层面交叉融合，并且对推进农村一、二、三产业融合的重点、核心、根本路径及实施关键进行了明确，还提出发展多类型的产业融合方式、培育多元化的农村产业融合主体、创新产业链和农户利益联结模式等具体实施路径，为进一步推进农村一、二、三产业融合提供基本政策指引。

2016年3月，《中国国民经济和社会发展第十三个五年规划纲要》要求推进乡村产业链和价值链建设，加快发展都市现代农业。实施"百县千乡万村"乡村产业融合试点示范工程，推动乡村产业融合具体实践。

此后，党中央关于乡村产业融合理念进一步完善和深化，推进乡村产业融合也逐步成为各级政府推动农业农村农民各项工作的纲领遵循。2016年11月农业部印发《全国农产品加工业与农村一二三产业融合发展规划（2016—2020年）》，对"十三五"期间农村第一、二、三产业融合发展的思路目标、主要任务、重点布局、重大工程、保障措施等作出全面部署。确定四方面重点任务：一是做优农村第一产业，夯实产业融合发展基础；二是做强农产品加工业，提升产业融合发展带动能力；三是做活农村第三产业，拓宽产业融合发展途径；四是改革融合体制机制，激发产业融合发展内生动力。

3. 乡村振兴新时代的产业融合理念

2018年1月2日发布的《中共中央 国务院关于实施乡村振兴战略的意见》，对乡村振兴作出全面而具体的部署，并明确提出要构建农村第一、二、三产业融合发展体系，相比之前政策文件中表述的促进农村第一、二、三产业融合发展，已经上升为构建第一、二、三产业融合发展体系，标志着第一、二、三产业融合发展已经从初步发展进入到深入拓展和全面建设阶段，第一、二、三产业融合发展会逐渐从之前的星星之火发展为全面开花的燎原之势。在《意见》中对如何构建第一、二、三产业融合发展体系提出了具体要求，包括大力挖掘农业多项潜能，建立"三链融合"机制，扩展乡村产业链，提升乡村产业价值链、完善产业利益链，让农民享受到"三产融合"带来的经济成果；实施农产品加工业提升行动，打造农产品销售公共服务平台，鼓励职业院校参与乡村新型产业模式；实施根据当地特色开发乡村旅游精品和近城区开展休闲农业开发，建设田园综合体项目，提升乡村经济发展水平。

综上所述，职业教育作为一种独立的教育类型，承担着服务区域经济社会发展的神圣使命，与乡村振兴战略在"五大振兴"方面都有密切契合的关系。因此，服务乡村振兴，职业教育责无旁贷。职业教育与乡村振兴战略之间如何建立"呼应"机制，下一章着重解决这一问题。

第三章

应然呼应：产教融合背景下
职业教育服务乡村振兴的理论逻辑与"呼应"机制

治贫先治愚，扶贫先扶智。教育是阻断贫困代际传递的治本之策，也是推动乡村振兴的关键之策。党的二十大报告指出，要走中国式现代化道路这一重大理论命题，中国式现代化关键要靠实现农业农村农民现代化，基础是教育现代化。职业教育作为一种类型教育与民生关系最为密切，与产业有着天然的有机联系。职业教育如何在实现中国式现代化伟大进程中彰显作为，服务乡村振兴战略具有重大的理论和实践意义。因此，深刻剖析我国"三农"问题的现状、机遇与挑战，探索产教融合背景下职业教育服务乡村振兴战略的逻辑与实践进路，提出服务发展实施路径，是当下具有现实意义的课题。

一、职业教育服务乡村振兴的生态圈功能分析

职业教育主要在于把产业、教育、社会发展等相关利益群体融合到一起，从而构建出一个全新的生态发展链，即职业与农业双融互促的发展生态圈。

职业教育的基本功能即本体价值是通过实施丰富多彩的教育活动，提升学生的知识、技术、能力、素质，最终让学生学会生存、学会学习、学会做事、学会共同生活，使之成为全面发展的人。农业和乡村教育（Agriculture and Rural Education），传统意义上人们将农业定义为一系列为人类提供食物、纤维

和庇护之所的行为，正是因为这个原因，农业成为乡村地区的主要特点，农业教育和乡村教育成为密切相关的概念。但是，它们也不能完全对调。在乡村，70%~80%的人口是直接或间接的农民（Olaitan，1984）。很大程度上，农业和乡村教育也许就代表着主要的国民教育。新的科学技术已经改变了乡村的农业劳作方式和生活方式，在这种情况下，人们需要建立一种新型的、同现代农业相匹配的乡村社会，这种需要为乡村教育带来大量新的理论。这些理论以地方分权为基础，要求保持地区文化传统，还要考虑经济和环境因素。法国农业部门的乡村课程设计家们就很赞成这种理论，其主要观点是农业产品同乡村空间的重合已不复存在。他们认为，为了适应这种变化，重新认识乡村这一概念是非常必要的，在这一过程中，人们应当考虑到新的决定性因素，例如农产品的新顾客、人们的休闲习惯、建筑物的新风格、城乡之间的新关系，等等。乡村地区的新作用有：为人们提供新型的工作，新的职业结构，同时也为乡村教育提供新的目标。然而，世界上所有的乡村教育体系都为学生提供机会去学习乡村最富有特色的职业，也就是农业。因此，农业教育既可以被理解为职业性教育，即为了农业的学习，也可以被理解为全民教育的一部分，即通过农业去学习。职业性农业教育的主要问题在于其过于专业化的趋势。根据怀特（White）的报告，"农业教育，尤其在发展中国家，通常无法使那些回到村子里的人对农村的发展作出贡献。它过于狭窄，过于专业化，同那些前景暗淡、传授手工技能的职业相联系，使人们对农业的态度越来越消极"。

二、职业教育服务乡村振兴的理论逻辑和运行机制

乡村振兴战略是我国为实现"两个一百年"奋斗目标确定的国家战略，两大战略的实施都需要人才支撑。职业教育作为与产业黏合度最大的教育类型，在实施乡村振兴战略中具有重要支撑作用。职业教育可以通过智力扶贫、产业扶贫、

经营扶贫和合作扶贫，在精准扶贫过程中发挥重要作用。为此，实现乡村人才振兴视域下职业教育与人才供给的对接，既要立足自身优势引领和带动贫困人口脱贫致富，又必须与各乡村建设主体合作形成精准扶贫合力。乡村振兴战略为新时代农村经济社会发展描绘了新蓝图、指明了新方向，也给我国职业教育乡村振兴战略为新时代农村经济社会发展描绘了新蓝图、指明了新方向，也给我国职业教育发展提出了新要求、新使命和新挑战。未来，职业学校要精准对接乡村的"五大振兴与二十字方针"全要素要求，为乡村振兴提供全方位、多功能、宽领域、广覆盖的教育服务，这既是职业院校教育发挥实现人的全面发展和促进社会进步的应然教育功能，也是实现自身转型发展，服务乡村振兴战略的重要意义和价值所在。

一要解决好"谁来振兴乡村"问题。乡村振兴关键在人。因此，职业教育要发挥技能教育与家庭培训的优势，根据区域经济特点，结合新业态发展趋势，积极开展全方位、多层次的职业教育及职业培训，培育更多技能型的职业农民，提升职业教育服务乡村振兴的支撑力。二要解决好"如何振兴乡村"问题。乡村要振兴，产业振兴处于首要地位。因此，要抓住乡村产业振兴这个"关键点"，不断推动城市高等职业院校与农村职业学校（包括职教中心）相融合、产业与教育相融合、城镇与乡村相融合、农村一、二、三产业相融合，深度推进校企合作，实现"培养一个人才、壮大一个产业、服务一方经济、致富一方百姓"。三要解决好乡村振兴人才"下得去，留得住"问题。要因势利导推进返乡入乡创业浪潮，提供针对性强、质量高的职业技能培训，营造有利于乡村技术技能人才实现"人生出彩"的良好环境。乡村振兴既要"塑形"，更要"铸魂"。坚持以文化人，不断提升乡村文化活动服务效能，以文化新风构筑文明乡风。2022年11月，在党的二十大刚结束不久，中共中央办公厅、国务院办公厅就印发了《关于深化现代职业教育体系建设改革的意见》，在《意见》中明确提出，职业教育要"坚持以教促产、以产助教、产教融合、产学合作，延伸教育链、服务产业链、支撑供应链、打造人才链、提升价值链，推动形成同市场需求相适应、同产业结构相匹配的现代职业教育结构和区域布局"。因此，只有坚持教育链、产业链、供应链、人才链"四链融合"，才能真正达到提升价值链的目标。

三、职业教育服务乡村振兴战略的"呼应"机制

职业教育是与一个国家的经济发展水平紧密联系的教育类型，其目标就是要培养从事生产、经营、管理的高技能专门人才。联合国教科文组织在《修订的关于技术和职业教育的建议书（2001 年）》①中提出，应将技术和职业教育视为"有助于减轻贫困"的一种方法。职业教育与产业之间的联系是相伴而生的。近年来，我国对职业教育的改革发展也在不断加大政策扶持和资金支持力度，职业教育服务经济社会水平和能力显著提升，呈现良好态势。

在乡村振兴战略的大背景下，职业教育和农村职业教育的核心内涵是什么？探讨职业教育在服务乡村振兴战略中应发挥什么作用？相对于农村职业教育而言有何优势？二者在服务乡村振兴战略中的作用角色是什么？如何利用职业教育的优势更好地服务乡村振兴战略？又存在哪些问题？基于这样的追问，本研究从职业教育的本质属性、功能定位、类型特色等方面着手，建构起职业教育服务乡村振兴战略的应然呼应机制。

（一）服务乡村振兴战略是由职业教育的本质属性决定的

20 世纪 70 年代，联合国教科文组织国际教育发展委员会就在《学会生存——教育世界的今天和明天》的报告中指出："现在，教育在全世界的发展正倾向于先于经济的发展，这在人类历史上大概还是第一次。"

20 世纪 80 年代初，我国实行改革开放以后，经济逐步恢复发展，各行各业对技术技能型人才的需求日益旺盛，传统的高等专科教育因其培养人才的数量不能

---

① 修订的关于技术和职业教育的建议书（2001 年）[EB/OL]. https : //unesdoc.unesco.org/ark : /48223/pf0000124687_chi.page=37.

满足需求和模仿本科人才培养模式而受到社会各界诟病。在此背景下，1980年原国家教委批准建立了13所职业大学，我国第一所高等职业院校——金陵职业大学就于此时建立。"高等职业教育"一词最早在1986年全国职业技术教育工作会议上提出。《修订的关于技术和职业教育的建议书（2001年）》中，联合国教科文组织提出，应将技术和职业教育视为"有助于减轻贫困"的一种方法。

由此可见，高职教育是在国民经济发展速度越来越快的背景下提出来的，是为了完善我国教育人才培养体系、更好地服务国家社会经济发展、满足产业结构升级的需要提出来的。从开始产生起，其血液里就已经蕴含了服务经济社会发展的基因，也注定是一个与我国产业经济联系紧密的教育类型。因此，高职教育作为职业教育的重要组成部分承担起了培养高级技能型人才的历史使命，也为农村职业教育的发展起了领航作用。

（二）服务乡村振兴战略是由职业教育的功能定位决定的

2022年12月，中办、国办印发《关于深化现代职业教育体系建设改革的意见》（以下简称《意见》），教育部职业教育与成人教育司司长陈子季在介绍《意见》总体情况时提出，这是党的二十大后，党中央、国务院部署教育改革工作的首个指导性文件。在党的二十大报告中明确提出："统筹职业教育、高等教育、继续教育协同创新，推进职普融通、产教融合、科教融汇，优化职业教育类型定位。"这短短42个字对职业教育的发展方向和类型地位作出了明确规定。党中央对职业教育的重视程度在整个职业教育历史上是前所未有的。

习近平总书记2019年8月在甘肃山丹培黎学校调研时强调"职业教育前景广阔、大有可为"，2022年10月参加党的二十大广西代表团讨论时又强调"要重视发展职业技术教育"。习近平总书记这些带有总括性、指导性的重大论断是职业教育发展的巨大动力。《意见》的出台，提出了深化现代职业教育体系建设改革的内在逻辑和实践要求，也指出了职业教育改革的方向，即由"教育"转向"产教"，更加注重服务经济社会发展，通过构建市域产教联合体和行业产教融合共同体，围绕现代制造业、现代服务业、现代农业的急需专业领域，实施一系列行动，推动职业教育更好地服务乡村振兴战略。

2021年，新修订的《中华人民共和国职业教育法》颁布，其中第十条规定："国家采取措施，支持举办面向农村的职业教育，组织开展农业技能培训、返乡创业就业培训和职业技能培训，培养高素质乡村振兴人才。"党的二十大报告中提出，"加快建设农业强国，扎实推动乡村产业、人才、文化、生态、组织振兴"，"教育、科技、人才是全面建设社会主义现代化国家的基础性、战略性支撑"。由此可见，从法律的层面、党的重要文献层面都对职业教育服务乡村振兴战略的功能定位提出了要求。因此，推动乡村振兴战略，职业教育责无旁贷。

（三）服务乡村振兴战略是由职业教育的类型特色决定的

国家在不同历史时期出台了多项文件和政策推动其发展，同时，职业教育服务国家经济社会发展的功能彰显得也越来越突出。自1991年以来，国家出台多个政策文件，要大力发展职业技术教育，要实现职业教育东西部均衡发展，要统筹城乡职业教育协调发展，要积极开展职业教育对口帮扶工作。新时代以来，职业教育服务脱贫攻坚的功能进一步提升，加大职业教育对农村技术人员、新型职业农民等的培训力度，送技上门。2019年，国务院印发《国家职业教育改革实施方案》，实施方案中首次提出"职业教育与普通教育是两种不同教育类型"。这一表述在2021年新修订的《中华人民共和国职业教育法》中以条文的形式将其提升至法律的高度，并进一步加以阐释，"职业教育是与普通教育具有同等重要地位的教育类型，是国民教育体系和人力资源开发的重要组成部分，是培养多样化人才、传承技术技能、促进就业创业的重要途径"。

近年来，职业教育服务乡村振兴的成果突出，全国各高职院校毕业生的来源与以往相比，来自西部地区、农村地区和少数民族地区的比例逐年提高，职业教育均衡发展的程度明显提升，切断贫困代际传递的作用凸显，职业教育尤其是高职教育扶智作用得以彰显。

截至2022年12月，全国普通高等学校共计2756所，普通高校在校生人数3496万人，其中，本科层次职业学校32所，高职高专院校共计1486所，在校生人数 1603 万人。因此，从办学规模来看，高职高专学校数量已稳居我国高等教育的半壁江山，在校生人数占比也高达 45.85%，可以满足乡村振兴战略对人才巨大的数量需求。

虽然如此，但是全国的高职教育资源配置和职业教育布局不均衡现象仍然存在，职业教育服务乡村振兴战略的潜力还需继续挖掘。一方面，高职教育资源配置西部和东中部差距较大。东中西部地区间职业教育经费投入和职业院校开展产教融合情况存在的差异很大，中西部地区生均公共财政预算经费相较于我国东南沿海省份依然偏低，生均校舍面积、图书册数、生师比等基本办学条件存在很大一部分职业院校仍未达标。所以，各级各类职业学校没有系统的计划或者做法，都是各自为政，联合一两个相关学校，无法发挥以点带面的辐射作用。刘奉越（2018）认为，学校的人才培养大多注重城市的需求，对农村人才的需求无视或者很少关注，"离农"倾向严重，乡村吸引力不够，跟学校的培养目标和方式有关，对人才培养模式、专业设置、创新创业教育等基本无服务农村方向的教育内容。另一方面，职业教育城乡分布布局不均衡。职业教育布局是衡量区域职业教育要素供给效率、职业教育与区域经济发展耦合协调的重要指标。当前，在城乡二元结构体制下，我国优质的职业教育资源往往集中在城市的高等职业院校。这些城市职业院校在区位、市场、师资、生源、政策支持等方面享有先天的优势，其办学层次较高、办学理念先进、教学基础设施条件好。而农村职业教育是服务农村社会经济发展、乡村振兴战略最为贴近的教育类型，与城市职业教育相比较而言，发展水平落后、学校数量少、办学基础弱、办学经费低等，都成为影响其发挥应有作用的桎梏。

（四）职业教育服务乡村振兴战略的"呼应"对接

服务经济社会发展是职业教育的功能和定位所决定的。因此，在推进和建设国家经济社会发展的新的征程中，职业教育要应时而动，顺势而为。当前，要以推动职业教育高质量发展作为提升职业教育质量的主线，通过开展办学模式及人才培养改革，破解发展难题，更好发挥职业教育在服务经济社会发展大局中的应有作用。职业院校也应该积极构建以人才供给为核心、以创新创业为关键、以机制平台为载体、以服务乡村为根本的人才培养、创新驱动发展体系，努力做到地区有需求，高职有呼应。

1. 政府"搭台"，实现平台对接

充分发挥政府统筹各相关方的作用，构建教育和产业深度融合发展格局，为乡村振兴战略和高职院校搭建沟通、贯通和融通的平台。

一是同步规划产教融合与乡村战略布局。将产教融合发展纳入省级、县级政府经济社会发展规划以及乡村振兴等专项规划和产业布局之中，将教育优先、人才先行融入各项政策，统筹优化职业教育和区域产业结构达到同频共振，同时，从政府层面注重建设产教融合型城市、产教融合型企业，给予一定的政策支持，让职业教育更深地融入产教融合的发展红利中，为乡村振兴战略贡献力量。

二是细化乡村振兴战略平台。政府相关主管部门，如农业、科技、交通、教育等主管部门主要是把推进乡村振兴的各项工程细化为项目平台，通过项目推动、政策引领，发挥各方面的作用。在资金投入方面，建议省级政府设立职业教育发展专项资金，支持高等职业院校人才培养等专项建设。

三是签约共建产业学院。为全面落实国家产业发展战略，深化人才培养供给侧结构性改革，发挥职业教育服务乡村振兴战略的人才供给功能。

2. 校企"唱戏"，推进产教融合

把职业教育放在教育创新和经济发展中的重要地位，坚持服务大局、育人为本、就业导向、多元办学，创新政策措施，优化发展环境，有力推动职业教育大发展和经济产业转型升级。既要找准职业院校服务乡村振兴的着力点，又要瞄准校企合作的深化点。

一是推动职业教育特色专业与涉农产业对接。职业院校要有效形成对接产业、各具特色、错位发展、优势互补的专业布局。围绕各省乡村发展的新兴产业布局，大力发展农产品加工、美丽乡村建设等新兴制造业相关专业，积极培育壮大农村区块链、电子商务等新兴产业急需专业，优化交通、康复、老年护理等涉农专业，注重涉农专业群建设。

二是推动职业教育人才培养和乡村振兴战略对接。职业院校加强调研，深入了解乡村振兴所需的人才类型，并且以乡村振兴产业需求为导向，调整学校的人才培养结构及职业培训课程体系。与此同时，紧跟国家政策，推进"1+X 证书"制度试点工作，着力开辟产教融合新途径，提高人才培养的针对性和实用性，为乡村振兴建设提供强大的技术技能型人才支撑。

第四章

经验模式：产教融合背景下
职业教育服务乡村振兴的现状分析

一、我国农业生产经营人员的受教育程度数据分析

（一）我国农业生产经营人员受教育程度总体情况

据第三次全国农业普查主要数据公报[①]，2016 年全国共有 204 万个农业经营单位（具体数量及其构成情况见表 4-1）。

表 4-1 农业经营主体数量及构成情况

	数量（个）	比重（%）
农业经营单位	204	100
其中：农民合作社	179	87.7
其中：农业生产经营或服务为主的农民合作社	91	44.6
农业经营户	20743	100
其中：规模农业经营户	398	1.9

---

① 国家统计局 . 全国农业普查公报 [EB/OL].http：//www.stats.gov.cn/sj/tjgb/nypcgb/qgnypcgb/

2016 年，我国农业生产经营人员 31422 万人（具体数量及其结构见表 4-2）。

表 4-2 农业生产经营人员数量及结构

	人数（万人）	比重（%）
农业生产经营人员	31422	100
农业生产经营人员性别构成		
其中：男性	18068	57.5
女性	13354	42.5
农业生产经营人员年龄构成		
其中：35 岁及以下	6033	19.2
36—54 岁	14863	47.3
55 岁及以上	10526	33.5

以上比例（表 4-2）是全国平均数据，不同地区这些数据又有所不同（表 4-3）。

表 4-3 农业生产经营人员受教育程度构成　　　　　　　单位：%

受教育程度	全国	东部地区	中部地区	西部地区	东北地区
未上过学	6.4	5.3	5.7	8.7	1.9
小学	37	32.5	32.7	44.7	36.1
初中	48.4	52.5	52.6	39.9	55
高中或中专	7.1	8.5	7.9	5.4	5.6
大专及以上	1.2	1.2	1.1	1.2	1.4

（二）我国规模农业经营户的农业生产经营人员受教育情况

2016 年，规模农业经营户农业生产经营人员（包括本户生产经营人员及雇用人员）1289 万人。在全国规模农业经营户的农业生产经营人员中，达到高中或中专及以上教育程度的人员占比为 10.4%，高出农业生产经营人员比例 2.1 个百分点。其中，达到大专及以上学历的人员占 1.5%，这个比例虽然略高于农业生产经营人员比例，但是总的来说还是比较低的（见表 4-4）。

表 4-4　规模农业经营户农业生产经营人员受教育程度构成　　　单位：%

受教育程度	全国	东部地区	中部地区	西部地区	东北地区
未上过学	3.6	3.4	3.7	5.2	1
小学	30.6	28.8	26.9	35.7	28.6
初中	55.4	56.5	56.8	48.6	64.3
高中或中专	8.9	9.9	11.2	8.4	5.2
大专及以上	1.5	1.3	1.4	2.1	0.9

（三）我国农业经营单位农业生产经营人员受教育情况

2016 年，农业经营单位农业生产经营人员 1092 万人。在规模农业经营户农业生产经营人员中，农业经营单位农业生产经营人员的受教育程度尤其是受过高中或中专以上教育程度的人数比例较前两者都有大幅度提升。全国达到高中或中专以上教育程度的人员平均比例高达 27.6%，高出农业生产经营人员比例 19.3 个百分点。因此，农业经营单位的农业生产经营人员受教育程度普遍高于规模农业经营户和一般的从事农业生产经营人员的比例（见表 4-5）。

表 4-5　农业经营单位农业生产经营人员受教育程度构成　　　单位：%

受教育程度	全国	东部地区	中部地区	西部地区	东北地区
未上过学	3.5	3.4	3.5	4.6	1.2
小学	21.8	23.4	20.6	25.6	9.8
初中	47	48.6	49.7	44.3	44.5
高中或中专	19.6	17.9	20.1	16.7	31.3
大专及以上	8	6.7	6.1	8.9	13.2

综上，根据第三次全国农业普查主要数据可以看出，我国有 31422 万名农业生产经营人员，但是达到高中或中专以上教育程度的人员占全部农业生产经营人员的比例为 8.3%，普遍低于 2021 年第七次全国人口普查中高中或中专以上教育程度人口占全国总人口的 29.88%。

由此可见，我国农业生产经营人员的受教育程度亟须提升。有关调研数据显示，我国职业院校中有 70% 以上的学生来自农村。截至 2022 年 5 月，我国有 1 万所以上职业院校，一共开设了 1300 余个专业和 12 余万个专业点，基本覆盖了乡村振兴战略的各个领域。职业教育与乡村振兴战略的五个维度上尤其是与人才振兴具有很强的契合关系。结合以上第三次全国农业普查主要数据，职业教育在服务乡村振兴方面大有可为、前景广阔。因此，职业教育服务乡村振兴战略既是时代赋予的神圣使命，也是重大发展机遇。

二、职业教育在服务乡村振兴战略中的作用更加重要

党的二十大报告提出"全面推进乡村振兴"的战略部署。2022 年新修订的《中华人民共和国职业教育法》的颁布，为职业教育发展带来很多契机。其中第十条提到，"国家采取措施，支持举办面向农村的职业教育，组织开展农业技能培训、返乡创业就业培训和职业技能培训，培养高素质乡村振兴人才"。

在 2018 年中央一号文件中，对"产业振兴"提出了总方针。"必须坚持质量兴农、绿色兴农，以农业供给侧结构性改革为主线，加快构建现代农业产业体系、生产体系、经营体系，提高农业创新力、竞争力和全要素生产率，加快实现由农业大国向农业强国转变。"随后，2021 年和 2022 年的中央一号文件中就如何推进乡村振兴战略，尤其是职业教育如何服务乡村振兴战略进行了具体部署。其中，2021 年提出，"面向农民就业创业需求，发展职业技术教育与技能培训，建设一批产教融合基地"。2022 年提出，"优化学科专业结构，支持办好涉农高等学校和职业教育"。2023 年中央一号文件进一步提出职业教育服务乡村振兴战略的指导性方向，"大力发展面向乡村振兴的职业教育，深化产教融合和校企合作"。

2021 年 2 月 25 日，习近平总书记在全国脱贫攻坚总结表彰大会上庄严宣告："我国脱贫攻坚战取得了全面胜利！"从此，中华民族的历史翻开崭新篇章。脱

贫攻坚目标任务完成后，我国"三农"工作的重心转向由脱贫攻坚成果向全面推进乡村振兴有效衔接。2021 年 3 月，中共中央、国务院下发了《关于实现巩固拓展脱贫攻坚成果同乡村振兴有效衔接的意见》，提出"继续支持脱贫户'两后生'接受职业教育，并按规定给予相应资助"。因此，顺应新时代发展要求，职业教育服务有机衔接脱贫攻坚成果与乡村振兴，是当前职业教育改革发展的新要求和新任务。

新时代呼唤新作为，新征程展现新担当。职业教育服务乡村振兴战略既是时代赋予的神圣使命，也是重大发展机遇。在这一重大机遇和新时代对职业教育提出更高要求的背景下，职业教育应以更加积极的态度迎接新的挑战，全面对接乡村发展，以专业优势和人才优势为建设农业强国而努力。全面推进乡村振兴同样需要各方群策群力，同向同行。2023 年 1 月，中央一号文件《关于做好 2023 年全面推进乡村振兴重点工作的意见》强调："加强乡村人才队伍建设，大力发展面向乡村振兴的职业教育，深化产教融合和校企合作。"这进一步明确了职业院校在乡村振兴进程中培养多样化人才、传承技术技能、促进就业创业的使命与责任。

三、乡村人才振兴的需求逻辑

人才是农业农村发展的基础，特别是在农业现代化水平不断提高的背景下，急需一批懂农业、爱农村、爱农民的"三农"人才来推动农业农村现代化发展的进程。只有汇聚各类人才，才可以为乡村振兴注入动力。乡村振兴需要打造一支职业化的"正规军"，各类乡村人才需要"各司其职"。随着户籍制度、农业经营制度以及乡村治理制度改革的深化，农民身份的制度性固化将逐步消解，农民将逐步脱离传统的生产与生活方式、思维方式以及价值观念，慢慢过渡到现代化、产业化、商品化的生产方式与生活方式，职业化特征将逐步显现。随着农业产业经营规模的不断扩大，职业农民的队伍将会不断壮大，成为现代农业发展的主要力量。随着农村一、二、三产业的融合发展以及产业化、信息化、规模化的发展，农村社会的专业化分工程度越来越高，各个领域都需要"术业有专攻"的专业人才，这些人才必须具备专业知识与技巧，并且能够紧密结合农村经济、社会的特点和实际需求开展工作。乡村振兴所需要的人才在保持自身专业性的同时，还必须具备解决复杂问题的复合能力。乡村振兴战略下的乡村产业发展是第一、二、三产业互动的多产业融合发展。产业发展需要专业人才的支持，医疗卫生需要专业人才的加入，文化传承需要专业人才的启动，新型农业需要专业的新型农民，等等，各行各业都需要专业人才支撑才能够保障其顺利运行并逐步提高质量。

一是服务产业发展人才。专业的产业发展人才在专业知识、产业发展链和一、二、三产业连接等方面都具备一定的基础，在促进农村产业结构优化、发展壮大以及提质增效等方面具有一定的优势，是引领乡村产业振兴的重要力量。

二是服务医疗卫生人才。虽然经济快速发展以及乡村生活水平较以前有了较大提高，但是乡村的医疗卫生情况尤其是具有高度专业化水平的医疗护理人员仍然十分缺乏，医疗资源配置也存在不平衡的现状。目前，高职院校中开设医药护理专业的院校很多，培养了大量的医护人员。这些职业院校的毕业生都是乡村医疗卫生事业所需要的专业人才。

三是服务文化传承人才。文化是乡村的灵魂，文化兴则乡村兴。随着城镇化的快速推进以及农村人口的大规模流出，农村社会的生产方式与生活方式出现极大的变化，传统的村落正在走向凋零，人们对传统乡村社会的记忆已经开始模糊，农民对自身身份的认可度大大降低，文化传承困难，民风不古，这些都是乡村文明开始没落的直接表现。2018年3月8日，习近平总书记参加山东代表团审议时强调："深入挖掘优秀传统农耕文化蕴含的思想观念、人文精神、道德规范，培育挖掘乡土文化人才。"这为新形势下走出"谁来传承"的人才困境指明了方向。具体而言，要以乡村文化发展促进乡村振兴，就必须培养一批乡村文化传承人才。要实施传统工艺和文化振兴工程，积极挖掘乡土文化人才，拓展非遗产品新市场，培养乡村非遗传承人；充分发挥乡村文艺骨干的作用，广泛宣传优秀民间文化，积极弘扬精神文明正能量；要因地制宜完善农村文化设施，使村级大喇叭、村级道德讲堂等成为传播文明乡风的主阵地。

四是新型职业农民。随着城镇化进程的加快，农村青壮年劳动力流向城镇和第二、第三产业是必然趋势，相应的结果就是农村的空心化和农业劳动力的老龄化及弱化。如何留住人才并吸引有知识、有技术、有资源的流出人才返乡，是实施乡村振兴战略必须考虑的问题。针对人口大规模流出导致的老龄化、空心化、土地抛荒、无人种田的问题，习近平总书记提出"就地培养更多爱农业、懂技术、善经营的新型职业农民"。

四、国外职业教育服务乡村发展的经验

（一）美国职业教育服务乡村经验

作为世界经济发达国家之一，美国每年农产品贸易额都居世界前列。中国农村网数据显示，美国农产品贸易总额从 2008 年的 2297 亿美元增长至 2018 年的 3223 亿美元，年均增长 3.4%[①]，居世界首位。美国农产品贸易额之所以能够居世界前列，首先因为与它制定的相当完备的农业政策、法律法规等有很大关系。美国在 160 多年前就通过了《莫雷尔法》，该法案是一种土地附加法，同时还提出按照美国各州的国会议员的人数，以每人 3 万英亩的土地设立各州农工学院，即建设各州的农业大学，培养农业发展需要的各类人才。在其后的 100 多年间，相继出台了《史密斯·利费农业推广法》《史密斯·休士法案》《职业教育法》《哈奇法》。这些法案的出台，不断推动职业教育的完善，为职业教育尤其是农村教育赋能，培养农业发展人才和技能人才，提升从事农业人才水平，从而实现提高农业发展水平。其次因为美国为农业的发展和农业科研研究提供了充足的经费保障。美国为"农工学院"又称"赠地学院"每年按照一定的额度进行拨款，保障学院的运

---

① 中国农村网.近十年美国农产品贸易有哪些变化？[EB/OL].http://journal.crnews.net/ncpsczk/2020n/d14q/hqsx/932784_20200728023230.html?eqid=c816daf9001069f3000000046432afde.

行和发展。同时，为农业研发部门和人员如农业科学院、经济研究院、食品与农业研究院等提供充足的研究经费，推动科学研究和技术创新。对农业人才的培养、关于农业的科学研究与新技术的推广等一直都是美国农业领域经费的重要支持方向。据有关部门统计，美国农业教育每投入 1 美元就可得到 4~5 美元的回报。这些资金又可以反哺农业的研究与新技术的推广。再次因为有完善的农业从业人员教育培训体系。美国的教育体系中包括正规的教育机构和一般的推广教育机构，这些机构涵盖初等、中等和高等农业职业教育。通过理论教学与实践教学相结合的方式，对农业从业人员开展职业教育，其教育体系完备，学科设置和配套教学设备完善，培养了大批服务农业发展的高技能人才。

（二）韩国"新村运动"经验

韩国在 20 世纪 70 年代较短的时期内实现了由传统农业国向新兴工业国的转变。20 世纪 70 年代，在大力推动工业化城市化的进程中，韩国针对其农村比较落后的状况，注重统筹城乡发展，开展了具有韩国特色的农村现代化之路——实施"新村运动"。通过参加建设村庄项目，开发农民的生活伦理精神，从而加速农村现代化的发展。[①] 韩国"新村运动"在 20 世纪 70 年代达到顶峰，80 年代逐步衰退。主要有以下 4 个特点：

第一，"新村运动"是一场以村庄为单位、很少财政投入、适合时宜的运动。韩国约有 1450 个乡镇、33000 个村庄，"新村运动"着力改造乡村道路、翻新农民住房、引入改良品种、开展村庄领导人培训等。政府开展"新村运动"建设时投入的国家财政资金比较少。在 1971—1978 年，每个村庄仅投入 2000 美元左右的水泥和钢筋。另外，20 世纪 70 年代韩国农村的土地价格和农民收入都很低，并且政府的财政资金不需要投到土地和劳动力上，土地是农民捐赠给村庄，劳动力是由农民无偿贡献出来的，在这一时期开展"新村运动"建设对当时的韩国来讲的确是合时宜的。

---

① ［韩］朴振焕.韩国新村运动：20 世纪 70 年代韩国农村现代化之路 [M].潘伟光等译.北京：中国农业出版社，2005：1-6.

第二，"新村运动"是一场通过提升物质建设带动伦理精神建设的运动。韩国通过开展"新村运动"，农村的道路改造、桥梁建设、水库建设等基础设施得到了完善，家庭住房水平得到提升，传统的茅草屋被瓦片屋取代，农业劳作实现机械化。这一系列的变化也带来了农民精神状态的转化。20世纪初期韩国处于受殖民统治时期，精神低落、听天由命思想根深蒂固。随着"新村运动"的开展，韩国农民物质生活水平有了大幅度提升，极大地增强了他们的自信心，同时，"新村运动"提倡的"勤劳、自立、合作"精神也转变成他们的国民精神，提升了他们的道德风貌。

第三，"新村运动"是一场政府主导自上而下群众广泛参与的一场运动。在这一运动中，韩国政府通过行政渠道进行协调、服务、培训、指导。同时，还发动韩国社会各界参与"新村运动"，加入对新村负责人培训、提高新村治理能力的共同体中。1970年，时任总统朴正熙倡导以"勤劳、自助、合作"精神建设新农村，在政府相关部门和社会各界的大力推动下，农民积极广泛参与新村建设，如让家周围的街道保持洁净，排队等候公共汽车，垃圾入袋，在道路两旁种植树木和花草美化环境等。

第四，"新村运动"中农村的现代化与农业的发展和农民收入的提高密不可分。"新村运动"是在韩国农业转型、农村与城市差距逐渐加大的背景下开展的运动，与当时的农业政策有密切联系。随着经济的快速增长，韩国国内对新的农产品的需求快速增加，因此，韩国政府自1968年起开始实施农业收入增长项目，建立了蚕桑生产区、蘑菇生产区、肉牛生产区等多个农业生产区域，推行农业生产专业化，增加农民收入，提高农业的现代化水平，推动农业产业转型。

其中值得一提的是，韩国"新村运动"中对农村领导人和"新村运动"领导人的培训是由农林部组织，为真正愿意投身村庄发展的农民开展为期两周到三周的培训，由农民培训学校和农业合作社学院承担培训工作，由农业合作学院的教授承担课程讲授工作。培训项目有小组讨论、对成功农民的案例学习、到先进村庄考察学习、邀请专家开展国家事务讲座等，以此来提升"新村运动"的效果，提高农村领导人的管理和技术水平。

（三）澳大利亚农业职业教育培训包模式

澳大利亚位于大洋洲，是一个国土面积广阔、人口较少的国家。其农业以养羊、养牛和种植小麦为主。每年的羊毛产量和牛肉出口量居世界其他国家前列。小麦出口也在全年产量的一半以上。目前澳大利亚以休闲农业为主，在葡萄酒产业中，注重"产学研"紧密结合，并且从农业第一产业向第二产业和第三产业延伸，实现了特色农业产业和旅游业相结合。

澳大利亚的教育体系[①]由学校、职业教育与培训和高等教育三部分组成。其中，中小学教育为 13 年学制，5 岁幼儿园或预备班 1 年，小学 6 年，中学 6 年（其中，初中 4 年，高中 2 年）。澳大利亚大部分州的初中年限是 4 年级到 10 年级。10 年级毕业后可以选择继续求学或者直接就业。继续求学则有两个选择：一是选择高中然后进入大学攻读学位；二是选择职业教育与培训。选择职业教育与培训后同样有两个选择：一是直接就业；二是到大学攻读学位。大学毕业生也有两个选择：一是直接就业；二是参加职业教育与培训。因此，在澳大利亚，职业教育与培训和高等教育是相互交叉的。

在职业教育与培训教育体系中，澳大利亚制定了全国统一的资格体系和能力标准，自 1998 年起，在全国范围内开发、推广各个行业的培训包。培训包又称为整套培训计划，或培训一揽子计划，或一揽子培训计划，是国家培训框架的至关重要部分，由行业制定并得到国家认证的一整套培训计划，是国家培训框架的主体，详细规定了国家统一的资格、行业能力标准和评估指南，包括学习策略、评估材料和专业发展材料，并提供相应的辅助材料。目前，澳大利亚已经用 1200 个培训包代替了 12500 多个认证的课程。在已经开发出来的培训包中，包含了航空航天技能、农业、资产安全等众多行业。培训包的内容与各行业的需求紧密结合，开发过程中必须向各行业企业进行咨询，寻求指导，因此，对学生等学习群体具有高度的针对性和岗位对接性，将产业、岗位等所需要的知识和技术转化为国家

---

① 陶秋燕．高等技术与职业教育的专业和课程——以澳大利亚为个案的研究 [M]. 北京：科学出版社，2004：37-41.

统一的能力标准。

其中，农业方面已经开发出的培训包有猪生产、山羊生产、奶牛生产、家禽生产等培训教材，在提升农业从业者的生产水平和技能方面起到重要作用。

五、新时代我国职业教育服务乡村振兴的模式分析

为进一步推进职业教育服务乡村振兴的学术研究，厘清当前职业院校服务乡村振兴的整体概况、关键主题和未来方向，针对乡村振兴的总要求，在把握职业教育服务乡村振兴逻辑理路的基础上，本研究通过系统梳理近 5 年来职业院校服务乡村振兴的典型案例，归纳出以乡村学堂模式、人才培养模式、精准帮扶模式、协同共治模式、数字技术模式、思政育人模式为代表的六大服务模式（见表 4-6）。在此基础上，本研究进一步对相应模式的运作机制与态势特征展开分析，以期在以产教融合为抓手，推动现代职业教育高质量发展的背景下，帮助职业院校走出一条符合市场导向、精准匹配供需的发展路径，为更好地服务乡村振兴战略贡献力量。

表 4-6 近 5 年来我国职业院校服务乡村振兴的典型模式一览表

模式	案例	案例学校
（一）乡村学堂模式	产业学院模式	南阳农业职业学院
	农村社区学院模式	潍坊工商职业学院
	"书斋"模式	海南省海口旅游职业学校
	新型职业农民培训模式	吉林农业科技学院
	"订单式"乡村人才培养模式	甘肃农业职业技术学院
	乡村振兴学院模式	安庆职业技术学院

（续表）

模式	案例	案例学校
（二）人才培养模式	农民学院模式	嘉兴职业技术学院
	"1+5+N"课程模式	广东碧桂园职业学院
	农民大学生培训班模式	河北旅游职业学院
	乡村振兴教学示范基地模式	烟台职业学院
	产教融合实训基地模式	铜仁职业技术学院
（三）精准帮扶模式	驻村帮扶模式	江西现代职业技术学院
	专业项目合作模式	浙江商业职业技术学院
	产销链模式	广西电力职业技术学院
	"四精准"专项教育帮扶模式	沙洲职业工学院
	派驻乡村振兴科技人才队伍模式	山东理工职业学院
（四）协同治理模式	政校企三方协同模式	清远市职业技术学校
	垦院科技小院模式	湄洲湾职业技术学院
	政行企村模式	双辽市职业中专
	"校企队村"四方共建模式	济南工程职业技术学院
（五）数字技术模式	构建数字农旅服务平台	北京市昌平职业学校
	建立"县、乡、村"三级培训网络体系	重庆市垫江县职业教育中心
	搭建"智汇兴农"平台	河南经贸职业学院
	"电商直播＋曹县汉服"特色主播模式	菏泽市曹县职业教育中等专业学校
	农村电商综合服务模式	兰州资源环境职业技术大学
	直播带货模式	河南应用技术职业学院
（六）思政育人模式	"双联双促"模式	贵州农业职业学院
	幼教特色服务乡村振兴模式	株洲师范高等专科学校
	"思政下乡"服务乡村组织振兴	兰州职业技术学院
	"耕读传家"德育浸润	北京农业职业学院
	构建"党建＋脱贫攻坚＋乡村振兴"模式	重庆三峡职业学院
	"微党课＋"乡村振兴模式	河南工业职业技术学院

（一）乡村学堂模式

"学堂"即为"学校"，学校是由专职人员和专门机构承担的有目的、有系统、有组织、有计划地以影响受教育者的身心发展为直接目标并最终使受教育者的身心发展达到预定目的的社会活动，职业教育服务乡村振兴背景下的"乡村学堂"则是将农民作为受教育主体，使其成为有文化、懂技术、会经营的职业农民为教育目标的特定场所。

"乡村学堂"模式即"职业院校→乡村学堂→乡村"逻辑，一般独立于职业院校和乡村两个主体场域，是职业院校为建设美丽乡村、实现乡村振兴，在农村开展文化教育、职业技术培训等活动的场所，是职业院校服务乡村振兴的桥梁和纽带。建设和运用"乡村学堂"，一是发挥职业教育的人才和基地优势，通过宣讲、送教、传承等举措，助力乡村文化与精神文明建设；二是培育大批有文化、懂技术、会经营的新型职业农民，助力乡村振兴人才保障；三是承载农业技术研发的使命，助力乡村振兴的科技、产业升级。所以说"乡村学堂"是农民接受新技术的文化桥梁，是一种常见的模式路径。模式形式如社区学院、田间学院、讲习所、产业学院等，其实践成效基本覆盖人才振兴、产业振兴、文化振兴、组织振兴、生态振兴等乡村振兴战略的 5 个方面。

1. 产业学院模式

南阳农业职业学院是一所经河南省人民政府批准、教育部备案、南阳市人民政府主办的公办全日制普通高等院校，设置有信息技术、文化教育、商务管理、智能制造、学前教育、音乐艺术、汽车工程、畜牧兽医、农林园艺、规划设计等专业（方向）80 个。其中养殖专业是河南省首批"重点专业"，园艺技术专业、畜牧兽医专业、汽车检测与维修技术专业、会计电算化专业和机电一体化技术专业这 5 个专业是河南省特色高职院校立项建设的省级骨干专业。畜牧兽医、园艺技术专业为河南省高等职业院校创新发展行动计划骨干专业。

近年来，南阳农业职业学院以服务"三农"、助力乡村振兴为己任，注重深化产教融合，积极推进与地方政府、行业企业合作，探索多元化办学新模式。南阳农业职业学院先后挂牌成立南阳乡村干部学院、南阳乡村振兴学院，还成立牧原产业学院、康养产业学院、荥阳产业学院、益民食品产业学院、艾草生物科技产业学院等，根据涉农专业特点，把学校办在企业、工业园区、生产一线，实施"线场课堂"教学模式，促进教育链、人才链与产业链、创新链的有效衔接，围绕政策理论研究、农业科技创新、实用人才培养三大重点，充分发挥人才智力优势、产学研优势、教学师资优势，聚焦"三农"重点、热点、难点问题，扎实开展调查研究和对策探析，推进农业产业转型升级，成效显著，真正成为南阳市决策的"智囊团"、驱动乡村产业发展的"引擎机"、乡村人才培养的"孵化器"。

2. 农村社区学院模式

潍坊工商职业学院是一所经山东省人民政府批准、教育部备案的全日制普通高等职业院校，由诸城市人民政府承担财政投入并实施属地管理。2016 年，诸城市人民政府与高科教育控股（北京）集团、山东高科教育科技有限公司签订协议，合作举办潍坊工商职业学院，成为一所混合所有制高等职业院校。

潍坊工商职业学院统筹各种资源，挂牌成立了诸城农村社区学院，探索形成"四平台、四载体、四菜单"农民培养模式。"四平台"即农村社区学院—镇街社区分院—社区教学站—家庭学习中心户；"四载体"即全民终身学习活动周、"百千万"教育培养工程、产教联盟和乡村振兴大课堂四大载体活动；"四菜单"即专业菜单、技能菜单、管理菜单和文明菜单四类培训菜单。大力开展农民培训，助力乡村振兴，取得显著成效，产生广泛影响。

诸城农村社区学院承担着全市社区教育统筹规划、资源开发、理论研究、社区培训、学历教育、信息传播和评估指导等重要职责。学院立足当地"三农"发展需要，紧跟时代发展步伐，把握农村社区教育最前沿；同时，学院不断创新工作思路，深入农村社区，面向全体居民，开展多层次、多形式的教育培训。形成"一开二品"的品牌做法（"一开"即立足当地经济发展、产业特色和居民需求，开发通俗易懂、具有本土文化特点的特色课程；"二品"即"百千万"教育培养工程，实施"百名家庭农场主学历提升""千名青年农民技术培训"和"万名新市民素养提升"教育培养工程）、"三单四训"创新社区教育办学机制和模式（"三单"

即"学院出订单、农民选菜单、政府来买单"的"三单联动"机制;"四训"即实施集中培训、分散指导、项目引领和观摩交流四位一体的培训模式)、"五横六纵"丰富社区教育培训资源〔"五横"即农村社区教育培训开展的五类培训:举办各种实用技术培训、开展就业创业技能培训、组织现代生活教育培训、大力开展老年教育培训和重视青少年校外教育;"六纵"即"六步工作法":培训需求调研、制订培训计划、下发培训通知、做好培训记录(统一设计培训登记表、讲义、花名册、图片、美篇等)、搞好宣传报道、整理教学档案〕。

潍坊工商职业学院在服务乡村振兴的实践中,创新了农村社区教育发展模式,出色地完成各类培训任务,积累了新型农民培训的大量经验,不拘时间限制、不受空间约束、提供居民所需、解决居民所困,真正办成了一所没有围墙的"农民大学"。同时,其被《中国教育报》《光明日报》《农民日报》《大众日报》和《潍坊日报》等主流报纸,"诸城电视台""潍坊电视台""山东电视台""中国社区教育网""享学网""潍坊教育信息网"等各电视台、网站报道其经验做法;曾6次在省级以上会议上作典型发言;先后迎接教育部、中国成人教育协会、国务院研究发展中心、国家开放大学以及全国各地的考察和调研。2021年1月,潍坊工商职业学院被评为潍坊市服务"三农"职业教育十强院系。

3."书斋"模式

海南省海口旅游职业学校于1993年由海口市教育局和北京市西城区教育局联合创办,是海口市直属公办的一所综合性中等职业学校。学校建有40多间设备先进、配套齐全的专业实训室,开设有航空服务(与VIP服务)、高星级饭店运营与管理、中餐烹饪与营养膳食、西餐烹饪、旅游外语、导游服务、会计、计算机应用、电子商务、美发与形象设计、商品经营等专业,学生3300多人,教职工220人。学校与海南师范大学联办"3+4"本科班,还分别与海南职业技术学院、海南经贸职业技术学院联办"3+2"大专班,构建了以中职教育为主、中高职"3+2"和中职本科"3+4"衔接(与本科及高职院校衔接)的多层次办学格局。

为贯彻落实"三农"工作决策部署,学校依托自身专业人才资源和技术,发挥优势,与地方政府共同探索合作,用自身的使命和担当践行服务社会的功能。

学校与龙华区政府合作，为其提供乡村旅游路线设计、琼菜研发、业务培训、文明礼仪培训等保障服务，共同探索建立符合市场规律及龙华区实际的农旅融合发展模式。

学校以筹办"青梯传书""儒逢杏坛书斋"志愿服务项目，从儒逢村适龄读书的村民抓起，召集大学生担任志愿者，开设英语、数学、诗词、地理、历史、手工制作等课程，开展村民素质素养教育，以文化育人，凝聚出乡村"精气神"，以推动乡风文明更上新台阶，为乡村振兴持续添力。

4. 新型职业农民培训模式

吉林农业科技学院是吉林省省属公立全日制普通本科高校，是国家级综合改革试点专业、教育部首批卓越农林人才教育培养计划改革试点项目专业建设院校、吉林省转型发展示范高校。学校现有 46 个本科专业、14 个专科专业，以农学（特产）为优势和特色，涵盖工、农、文、理、经、管 6 个学科门类。

吉林农业科技学院坚守涉农高校初心，勇担乡村振兴使命，紧紧围绕国家和吉林省乡村振兴战略系统工程需求，积极开展专业建设，构建紧密对接吉林省产业发展，找准关键点，为职业新农人铺路搭桥，着力培养爱农业、懂技术、善经营的新型职业农民。2017 年，该校开展首批 500 名农村职业经理人培训，通过理论讲座、田野实践，对现代农业的发展趋势、农民专业合作社的申办程序和运营管理模式及如何培育新型农业经营主体等内容进行了详细讲解。培训效果良好，被农业部授予首批全国新型职业农民培育示范基地。

5. "订单式"乡村人才培养模式

甘肃农业职业技术学院是省属公办"农工商贸旅"一体化高等职业院校，学校开设农业生态类、园林建筑类、经贸电商类、畜牧兽医类、食品文旅类、信控智慧类、制药化工类、康养教育类等 8 大专业群 31 个专业。学校建成生产性实习就业基地 124 个，校内产教融合型生产性实训基地及综合实训中心 39 个，畜牧兽医、食品营养与检测、园林技术、作物生产技术等 23 个国家级省级骨干（特色）专业和生产性实训基地。学校被评为全国乡村振兴人才培养优质校、全国成人教育先进单位。

近年来，学校获得全国新型职业农民培训基地、甘肃省乡村干部培训基地、甘肃省创业致富带头人培训实训基地、甘肃省职业农民教育培训示范基地等国家级省级认定4项。与陇南、临夏等市（州）县党委组织部门、农林部门合作，设乡村振兴人才培养基地24个，培养学历教育乡村人员6213名，制定"一地一方案"，建立"临夏模式"，确定政治素质强、带富能力强、乡村治理能力强和引领型、技术型、创新型"三强三型"的培养规格，形成"订单式"乡村人才培养机制，受到教育部认可。面向职业农民、致富带头人、乡村干部、种植养殖农户，以及农业企业、食品加工企业、家庭农场、农民合作社等开展学历提升教育，成立乡村振兴学院，投入1765万元建设远程教学录播系统，进行"线上＋线下、集中＋面授、田间＋课堂"教学，全省村干部学历教育覆盖率达82%。与甘肃省党员教育中心共建"先锋讲堂"，培训乡村党员覆盖全省13000多个村，覆盖率达81.7%。建立"陇东行"苹果技术服务、"进陇南"菌类新产品开发、"走河西"设施农业服务、"入甘南"养殖技术服务精品团队4个，培训90多万人次，指导创办合作社157家。形成"科技＋专家＋企业＋村组织"服务机制，完成"863"攻关、"948"引进、阳光工程、"星火科技"等国家项目16项。承担省人大、省政协及省文旅厅、省教育厅等扶贫培训232次，职业农民培育"四证"模式广受好评。

6. 乡村振兴学院模式

安庆职业技术学院是安庆市唯一一所综合性全日制公办职业高等院校，是国家乡村振兴人才培养优质校、国家示范性职业教育集团培育单位、教育部现代学徒制试点单位。学校坚持围绕地方产业优化专业结构，现有机械制造、汽车工程、电子信息、建筑工程、文化旅游、纺织服装、财经物流、农林园艺等服务安庆支柱产业发展的8大专业群。学校是安庆职教集团龙头单位，与安庆市各县区政府开展全面合作，与安庆经开区等12家国家级、省级经济开发区开展深度合作办学。

学校获批"国家乡村振兴优质校"，积极探索职业教育助力乡村振兴新路径，初步形成以"开放、精准、多元、动态、科研、品牌"为主要抓手的"六路兴旺"新模式，在乡村振兴的道路上跑出了一条"职业教育＋乡村振兴"高质量协同发展的新路径。该校联合安庆市农业农村局、安庆市乡村振兴局组建安庆市乡村振兴学院，打造农技推广、政策法规、生活服务三大系列课程，建设"移动课堂"。与安庆市宜秀区五横乡政府签订乡村振兴合作框架协议，根据五横乡特色产业，为该乡量身打造"田间服务"送教上门。

（二）人才培养模式

1. 农民学院模式

嘉兴职业技术学院是嘉兴市人民政府举办的公办高职院校。学校下设 10 个全日制二级学院，同时建有创业学院、继续教育学院（乡村振兴学院）、开放教育学院、社区教育学院、老年教育学院等教学单位。学校持续深化教育教学改革，以"专业群对接区域产业群合作发展"为核心，以"专业点 + 企业群"合作为基础，人才培养质量持续提升，并形成"点群协同、岗位成才"的现代学徒制典型案例。

学校紧紧围绕长三角一体化、乡村振兴、共同富裕等国家战略，构建完善的政行企校多方联动社会服务体系。学校依托"一校两院双基地"优势，开展农村实用人才培训工程，大规模开展基层农技人员、新型职业农民、农村实用人才等各类涉农培训，年培训量超过 4 万人次。持续规范技能认定，年职业技能等级认定近 1 万人次。学校构建了"三级联动、六院一体"乡村振兴责任体系，创新设计"一院对接三地"的模式，跨专业组建以博士、教授为主的管理和技术服务团队，实施"红船领航"东西协作工程、山海协作工程，开展面向嘉兴本地以及结对地区的政策咨询、技能培训、技术指导等服务行动。乡村振兴"新农人"培养案例入选全国政协双周协商座谈会会议材料。学院专门成立嘉兴农民学院、嘉兴乡村振兴学院，面对区域乡村振兴对各类人才的迫切需求，基于农村三产融合背景构建专业群，以"学历 + 技能 + 创业"的人才培养理念，形成"忙农闲学、产学并重"的人才培养模式，实施"主辅结合、模块自选"的课程体系，开展"点群协同、合作育人"的教学模式，培养"爱农业、懂技术、善经营、会管理、能创业"的乡村振兴融合型新农民，为职业院校服务乡村振兴战略实施、实现共同富裕目标提供示范。

2. "1+5+N"课程模式

广东碧桂园职业学院由广东省国强公益基金会投资创办，是经广东省人民政府批准、教育部备案、广东省教育厅主管的一所民办全日制普通高等学校。学院现有智能技术类、土木建筑类、管理服务类、教育艺术类等优势专业9个。2019年，学院将智能控制与机器人技术融入建筑类、管理类专业，实施原有专业的智能技术改造，服务产业升级和技术发展需求。学院通过资源共享、产教融合机制的创新突破，构建"三段式"校企共育人才新模式。

学校立足于培育、壮大新时代"三农"人才队伍建设，聚焦培育农村干部、农场主、创业青年等群体对象，明确培养一批"永远不走的工作队"目标，组建涉农专家师资以"1+5+N"课程实施人才定向培养，即坚持党建引领，聚焦人才、产业、文化、生态、组织"五大振兴"，帮助乡村落地能持续产生效益的N种产业，打造可造血、可复制、可持续的乡村振兴模式，为广大乡村从脱贫攻坚到有效衔接乡村振兴提供坚强的人才支撑。

3. 农民大学生培训班模式

河北旅游职业学院是河北省唯一以旅游命名的综合性公办全日制高职院校，学校现设有文化旅游、酒店管理、现代农业与园林、畜牧兽医、现代商务、艺术设计、信息与智能工程7个二级学院。该校积极组织多名省级科技特派员、涉农专家，通过科研项目示范、农业科技培训、派驻工作队等方式，举办"农民大学生培训班"，培训农村基层干部和广大农民，倾力服务脱贫攻坚，助力乡村振兴。这些涉农专家80%以上的科研成果转化为农民增收致富的"金钥匙"，走出一条服务"三农"、服务乡村振兴的"燕山"之路。

4. 乡村振兴教学示范基地模式

烟台职业学院开设50余个教学专业，涵盖装备制造、电子信息、土木建筑、交通运输、财经商贸、旅游、文化艺术、教育与体育、食品药品与粮食、生物与化工10个专业类别，紧密对接国家战略新兴产业和烟台市主要产业、产品集群。该校是国家第一批示范性职业教育集团培育单位，与烟台市总工会共建烟台工匠学院，搭建服务新旧动能转换新平台，建有国家、省、市级培训和鉴定基地 20 个，年完成社会培训超 10 万人次。

学校深入实施乡村振兴战略，充分发挥人才培养、科学研究、社会服务等方面优势，依托国家开放大学教育体系组建烟台开放大学乡村振兴学院。按照"因地制宜、重点开花"的总体思路，在烟台市部分重点乡镇打造乡村振兴产业基地以及红色乡村、文化旅游美丽乡村等精品项目，建设乡村振兴教学示范基地或乡村振兴教学实践基地，为乡村振兴提供坚强的人才支撑和智力保障。学校聚焦烟台市重点产业集群，按照服务经济社会发展、突出重点领域、兼顾地方特色的原则，科学制定培训项目，进一步提高培训针对性和实效性，着力打造一支知识型、技能型、创新型劳动者队伍，有力保障培训和帮扶工作的顺利进行。同时，学校走进乡镇，围绕新农村建设，开展电子商务、旅游文化、空调制冷等职业教育培训，面向农村基层干部，开展"农村两委素质提升工程"；走进特定群体，面向退役军人、农民工、去产能分流职工、建档立卡贫困劳动力、残疾人等，开展就业创业培训。学校还与西部省区市 5 所职业院校共建"烟台西部职教联盟"，开创"校企校"扶贫模式，帮助西部地区中职学生成才、就业，搭起了东部沿海职业院校帮扶西部地区的桥梁。

5. 产教融合实训基地模式

铜仁职业技术学院是一所公办全日制普通高等职业学院，是国家民委与贵州省人民政府"省部共建"高校，是国家骨干高职院校、国家优质高职院校、国家"双高计划"立项建设单位、全国乡村振兴人才培养优质校。学校设有农学院、药学院、医学院、护理学院、工学院、经济与管理学院等 13 个二级办学分院（校），开设高职招生专业 25 个。学校拥有国家民委民族中兽药重点开放实验室等省部级以上高层次科研创新平台 23 个，拥有国家茶产业体系（铜仁）茶叶综合试验站、铜仁市食用菌繁育工程中心等市级研发平台 6 个。有生态农业示范园、药学及药品生产开放性实训基地等 211 个，其中国家开放实训基地 3 个。

学校注重"贴农、惠农"意识，厘清服务"三农"思路，围绕铜仁乡村振兴战略，以全国高水平畜牧兽医专业群为重点，走特色专业发展路线，使办学定位着眼"农"、办学路子围绕"农"、人才培养面向"农"、专业建设贴紧"农"、科技服务惠及"农"，为乡村振兴培养"爱农业、懂农业、善管理、会经营"的技术技能型人才，不断优化服务"三农"措施。学校设置有畜牧兽医、茶树栽培与茶叶加工等农牧类专业。目前，该院涉农专业在校学生 1300 余人，并与铜仁市委组织部、市教育局等部门联合开办铜仁市村干部学历全员提升行动畜牧兽医专业、生态农业技术专业 2021 年乡村振兴专干班 100 人的招生计划，党员师生发挥专业优势深入基层服务"三农"近 1000 人次。

同时，该校聚焦"四新""四化"工作要求，开展好农民全员培训和职业技能提升行动。铜仁职院党委坚持聚焦"闯新路、开新局、抢新机、出新绩"和"新型工业化、新型城镇化、农业现代化和旅游产业化"工作要求，主动作为，服务好农民全员培训和职业技能提升行动。工学院、农学院、人文学院围绕"新型工业化、新型城镇化、农业现代化和旅游产业化"的工作要求，师生主动作为，发挥专业优势，贡献专业力量，开展培训及技能提升服务。

（三）精准帮扶模式

"精准"与"帮扶"都是来源于脱贫攻坚工作中"精准扶贫"的理念。"精准扶贫"的重要思想最早提出是在 2013 年 11 月，习近平总书记到湖南湘西考察时首次作出了"实事求是、因地制宜、分类指导、精准扶贫"的重要指示。在职业教育服务乡村振兴的背景下，精准帮扶模式中的帮扶者主要有两种：其一是专业学生帮扶，派遣某专业学生及群体对接乡村产业，下村实施乡村振兴服务；其二是学科教师帮扶，向定向服务的乡村派遣专业团队教师下村实践，实施调研、指导、技研等服务。"精准帮扶"则是指职业院校在帮扶过程中准确衡量乡村振兴的供给侧与需求侧，根据自身专业资源优势，以特定的项目服务农民，与农民一起发展乡村建设与经济，为乡村提供短期或者长期的系统性、整体性服务。其形式可分为精准帮扶规划、精准帮扶建设、精准帮扶运营等。职业教育以促动乡村"内生性"发展为核心，以"精准"的形式，充分利用自身或各类跨界资源与乡村资源融合，合理实施多样举措，实现服务乡村振兴的目标。主要形式有产教融合、直播电商、乡村职业教育、产业技研等，主要的实践成效是产业振兴、组织振兴、文化振兴。

1. 驻村帮扶模式

江西现代职业技术学院是江西省人民政府举办、江西省国资委主管的公办全日制高等职业院校。学校下设 7 个二级学院，开设高职专业 60 个，形成以材料工程、物流管理、汽车检测与维修、电子信息工程技术、建筑工程技术为主，紧密对接江西省"2+6+N"产业发展规划的特色专业群。学校积极投身脱贫攻坚和乡村振兴，驻寻乌县南桥镇团红村扶贫工作队屡获表彰，其中第一书记赖玮被省政府授予"江西省脱贫攻坚先进个人"称号。

学校发挥职业教育优势，实施"输血造血"帮扶举措，推进职业教育"精准帮扶"，服务乡村振兴。学校选派精兵强将，奔赴上饶市横峰县龙门畈乡洋叶村开展驻村帮扶工作，驻村工作队工作扎实、吃苦耐劳、积极创新，推动乡村产业振兴成效显著。学校充分挖掘自身、乡贤等有利资源及发展动力，营造浓厚的干事创业氛围，用心用情、用力用劲做好帮扶工作，坚守返贫致贫底线，坚持人民至上的服务理念，结合工作实际，细化重点，抓好落实。同时，学校在壮大村集体经济上下功夫、在产业发展上做尝试、在增收渠道上想办法，不断提升村集体的带动力及为民服务的"家底"。学校利用党建优势，注重发挥党支部的战斗堡垒作用，不断夯实党支部的凝聚力和战斗力，不断提升百姓群众的发展内生动力。定点帮扶以来，学校在产业发展、童心港湾建设、基础设施建设、基层党支部建设等帮扶工作上都取得巨大进展。

另外，河北旅游职业学院注重靶向发力深耕农旅实践。学院 5 年来派遣团队开展精准帮扶，对河北省承德市内 11 个县（区）的 50 余个村庄进行发展指导，或依托原有的自然山水环境，或依托农业产业特色，或依托现代文化创意，因地制宜，因势利导，充分发挥学校专业优势和人才优势，帮助不同乡村探索自身特色和发展路径，促进乡村产业升级，提高乡村居民经济收益。

2. 专业项目合作模式

浙江商业职业技术学院是国家优质高等专科学校，现有 12 个二级学院。近年来，学校积极响应乡村振兴战略，为精准助力乡村产业振兴、帮扶乡村产业发展贡献更多职教智慧和力量。学校依托浙江省双高重点建设专业及国家级烹饪教学资源库项目，坚持"健康、绿色、营养"的理念，推进与浙江丽水畲族、海岛嵊泗等地区的产业振兴项目合作，挖掘和传播地方特色文化资源，带动当地经济发展。学校通过技术研发、开发百县千碗菜品、邀请大师入驻以及深化产学融合等举措，实现"健康的味道""文化的味道""专业的味道""合作的味道"等"四个味道"的完美融合。以食为媒，深化校地合作，助力乡村产业振兴。同时，学校还依托强大的烹饪教学资源，在美食内容开发、辐射推广上下功夫。以食为媒，展现当地特色文化，带动当地文化旅游产业发展，为乡村振兴助力。为了让地方特色菜品增添"专业的味道"，学校"王丰烹饪大师工作室"与千岛湖旅游集团、浙江沪杭甬高速公路股份有限公司等地方和企业建立了多项合作协议，致力于开发地方特色菜品、传播地方特色文化，助力乡村振兴。学校通过产品研发、菜品开发、烹饪技能培训等方式，充分发挥技术、人才、智力优势，找准切入点、需求点、着力点，挖掘和传播地方特色文化资源，带动当地经济发展，为乡村振兴助力添瓦，实现优势互补、产学共赢。

3. 产销链模式

广西电力职业技术学院是广西唯一一所公办电力类高校，是国家优质专科高等职业院校、广西高水平高职学校。学校设置有12个二级学院，建成了"建—造—发—输—变—配—用—管"全电力产业链的专业体系。学校充分发挥在人才培养、科学研究、技术转化、技能鉴定与培训等方面的优势，有力服务国家电力行业转型升级和广西经济社会发展。

产业振兴是乡村振兴的基础和关键，学校发挥专业优势，帮助乡村打造"产业工程"，激发致富活力。在参与东兴镇乡村振兴过程中，学校争取当地政府支持，指导成立种养专业合作社，发展魔芋、香猪、菜牛等特色种养，建成11个特色种养基地，建立"公司+合作社+农户+党员+平台"产销链。学校联"企"协"地"开展养殖实用技术、创新创业等培训，开启直播带货、消费帮扶等模式，激发村民干事创业的热情，为东兴镇产业振兴注入新的活力。学校联合广西职业院校创新创业教育联盟成员单位组建"稻亦有道"创新创业项目团队，聚焦国家乡村振兴战略，充分发挥团队成员学科专业优势，助力广西宾阳米业走好种、产、销三步棋，促进米业提质增效。小米粒、大产业，米业已成为广西强区富农、惠民增收、乡村振兴的主导产业。"稻亦有道"创新创业项目团队致力于"农业智能化"和"农旅电商"模式的发展，为广西宾阳米业转型升级添砖加瓦，为乡村振兴蓄势赋能，为农业农村现代化提供硬核支撑。

4."四精准"专项教育帮扶模式

沙洲职业工学院是一所公办普通高等学校，开设建筑、纺织、机电、电子信息、经济管理等 30 多个专业。学校坚持"根植张家港、融入张家港、服务张家港"的办学理念，以"为产业转型升级，培养急需技术技能人才"，"为企业科技创新，搭建技术研发服务平台"。

学校利用办学资源优势，实行精准帮扶，用心用情用力帮扶，把沿河青少年培养成"现代工匠"，使他们掌握一项或几项过硬的专业技能；变"输血"为"造血"，帮助沿河实现真扶贫、扶真贫、真脱贫。学校为沿河籍学生量身定制"精准招生、精准培养、精准资助、精准就业"的"四精准"专项教育帮扶方案，从专业遴选、人才培养、创业就业、资助奖励等多个方面帮助沿河自治县贫困学生升学、成长、就业。

5.派驻乡村振兴科技人才队伍模式

山东理工职业学院始建于 1950 年，是山东省人民政府批准的普通高等职业院校，设有 14 个二级学院。学院开设对接区域战略性新兴产业、高端装备制造业、现代服务业 13 个专业集群。

近年来，学校高度重视并积极落实地方政府关于精准扶贫和乡村振兴工作部署，先后派出 23 名干部到农村基层一线承担"驻村第一书记""基层党建工作服务队"等工作。下派同志在乡村振兴服务队工作期间，立足实际积极作为，面对困难勇于担当，真抓实干服务群众，在抗击新冠疫情、脱贫攻坚、乡村振兴、经济社会高质量发展等方面作出了积极贡献，得到市委、市政府的充分肯定和广大群众的高度认可。学校结合自身专业办学优势，先后成立理工智慧惠农服务队、理工科技特派员、"三农"政策宣传队、理工义诊医疗队等乡村振兴科技人才队伍，专业化服务推进乡村振兴。在帮扶村成立了职业农民培训学校，开展技术技能培训近200人次。先后协调和投入资金100余万元，帮助建设道路、桥梁等基础设施。学校主动对接"产业振兴、人才振兴、文化振兴、生态振兴、组织振兴"需求，坚持校地合作、育训结合，大力培养乡村振兴人才。根据当地乡村振兴人才需求，调整专业布局，同时注重加强对学生的中华优秀传统文化教育，加强耕读教育，厚植学生的"三农"情怀。

（四）协同治理模式

在职业教育服务乡村振兴中，体现在构建政府、市场、社会共同参与的"协同治理"模式，即职业院校→多元合作体→乡村的关系逻辑。由职业院校协调政府、行业、涉农企业、农业大户等多元主体，在政府、农协的统筹领导下，围绕农民群体的核心需求，优势互补，有机融合，协同共治，实现多元主体的联动共治与给养共生，主要有职教小镇、农村合作社、产教城融合、职教联盟、混合所有制等形式。强调职业院校在乡村振兴中的作用，服务地方发展，依托职业教育实现人才振兴、产业振兴、文化振兴、组织振兴、生态振兴。

1.政校企三方协同模式

清远市职业技术学校是由清远市人民政府主办的国家级重点中等职业学校，全国职业教育先进单位，国家中等职业教育改革发展示范学校，广东省高水平中职学校建设单位。学校以打造电梯安装与维修保养、旅游服务与管理两个国家级高水平专业群，汽车运用与维修一个省级高水平专业群为目标，开设18个专业。学校以清远城乡融合发展试验区、北部生态保护区、广清一体化发展为契机，不断加快"入珠融湾"步伐，努力破解城乡二元结构。

学校通过校地党建联建共建，赋能乡村振兴发展。联合清远市乡村振兴驻镇工作队、清远智库、清远研学协会等，学校积极开展"政校行企合作共建'石潭生态农业研学小镇'"产教城融合项目实践。石潭镇"生态农业研学小镇"以"生态立村，产业强村，研学兴村"为目标，以"党建引领，科技支撑，人才驱动"

为依托，通过"组织化、集约化、产业化"路径，探索联农带农、共同富裕新模式，共同推进乡村产业、人才、文化、生态、组织五大振兴。项目实践进程中，政校企三方展开深度合作，政府大力搭建平台；学校为产业发展提供人才、技术支撑；园区整合资源发挥优势，支持学校开展劳动教育活动。突出"党委引导、政府搭台、学校出人、企业出地"的目标，政校企三方围绕石潭镇"生态农业研学小镇"定位，共同建设学生劳动教育基地，为该镇乡村振兴高质量发展注入动力。学校主要从机制建设、专业群助力、导入教科智慧资源、开发研学产品与服务体系等维度，为石潭镇的生态农业产业发展提供人才支撑和市场拓展服务，推动石潭镇乡村集体经济发展壮大，助力其乡村振兴发展。

2. 垦院科技小院模式

湄洲湾职业技术学院是一所面向全国招生的公办专科层次全日制工科类高职院校，设有 40 个专业。学校不断提升社会服务能力，搭建校地、校企、校行、校校、校军 5 类合作平台，大力开展技能提升、技能鉴定、学历提升、退役军人、社区教育、精准扶贫、乡村振兴等社会培训服务，近 5 年累计培训达 53000 多人次。

该校主动融入乡村振兴，探索形成"多元协同、多路并举"区域非涉农高职院校精准助力乡村振兴的"湄园模式"。学校成立乡村振兴学院，积极开展产教融合，开展政行企校社多方协同，多措并举，共同助力乡村振兴。通过职业院校与乡村之间多主体联合共建，实施服务乡村振兴的"六大工程"，即乡村产业助力工程、乡村人才培养工程、精准脱贫帮扶工程、乡村职教联动工程、乡村社区教育工程、乡村文化添彩工程。学校集聚优质教育资源，以需求为导向，实施"一村一岛试点、新型农民培育、技术创新支持、旅游文化创意、社区教育共建、乡村教育结对、地方文化传承、生态环境保护、农村建筑修复、支部活动共建"等 10 项服务计划，持续精准助力乡村振兴。

该校经过多年的实践，与企业、政府、行业、乡村等合作，构建控股型混合所有制产教融合模式，助力乡村人才和产业振兴服务体系。学院被称为华南农垦系统"黄埔军校""垦院科技小院"，被评为全国百所乡村振兴优质校。

3. 政行企村模式

双辽市职业中专是吉林省规模最大的县级涉农职业学校，也是唯一一所地处农村的中职学校。学校牵头的双辽市职业教育集团是国家级示范性职业教育集团培育单位，是吉林省首批中职示范校、吉林省服务县域振兴示范性职教中心建设项目学校、吉林省特色高水平中职学校建设项目学校，是全国优秀成人继续教育院校（培训机构）、全国教育系统先进集体。学校现开设 19 大类 33 个专业，其中，作物生产技术（原现代农艺技术）专业是国家级骨干示范专业。

学校牵头与政府部门、中职学校、高职学院、各类企业、行业协会等 85 家理事单位成立双辽市职业教育集团，聘请中国工程院院士为专家顾问，开展产教融合工作。该校坚持服务"三农"的办学思想，以服务区域经济社会发展为宗旨，以提升学生就业质量为导向，以完善双辽市职业教育体系为引领，以提高教学质量、技术技能人才培养质量为核心，通过建立职教集团，深化产教融合、校企合作，积极推进创新人才培养模式，充分发挥市场引导作用。职教集团在成员单位之间开展实质性的合作，共同制定人才培养方案、进行专业建设，为乡村振兴赋能，拓展服务社会能力，为地方经济发展服务，为吉林省全面振兴、全方位振兴服务。

4. "校企队村"四方共建模式

济南工程职业技术学院是 2004 年经山东省人民政府批准成立的公办全日制普通高等职业院校，下设 12 个二级学院。学校紧密对接山东省新旧动能转换 10 大产业及济南市重点产业，着力打造 10 个专业群。学校积极服务国家战略，融入区域发展是济南工程职业技术学院的办学宗旨。为了更好进行美丽乡村建设，培育更多的可用之才，济南工程职业技术学院已将服务乡村振兴列入优质校重点建设项目，打造环境艺术工程品牌专业群，提升教师实践教学、专业建设与社会服务水平，投身美丽乡村建设。学校与山东青山绿水生态旅游开发有限公司、西营镇黄鹿泉村三方合作共建"乡村振兴研发基地"，这是学校以校企合作、校地合作模式服务乡村振兴的专业性实践，是高职教育办学模式、人才培养模式的创新性探索。通过校企合作，对接文化旅游产业，提供技术与人才服务，促进专业师资队伍、实践教学水平、科研和社会服务能力水平提升，助推山东省美丽乡村发展。学校与济南市民营企业高质量发展服务队历城四队、济南鸿腾实业有限公司、南部山区西营街道黄鹿泉村进行"乡村振兴、民企发展"的"校企队村"四方共建，各方注重发挥各自资源优势，在组织工作、村民就业、结对帮扶、文化联建等方面开展深入合作，助推乡村振兴和民营企业高质量发展。学校参与黄鹿泉村民委员会的农民培训和转移就业工程，结合村民委员会企业用工需求，开展"订单式""定向式"等多种形式的职业技能培训，吸纳更多的农民就近就地就业，既解决企业用工难题，又富裕一方百姓。

（五）数字技术模式

1. 构建数字农旅服务平台

北京市昌平职业学校是由昌平区教委举办的一所公办职业学校，开设 41 个专业（方向），现有正式教职工 335 人、全日制在校生 3200 余人。学校主动承担市、区对口帮扶协作项目，助力 5 个结对帮扶县（旗）全部脱贫摘帽；自主研发蝴蝶兰种植技术，通过国际认证和我国植物新品种保护；研发推广春饼宴、核桃宴等具有地方特色的产业项目，助推农村产业调整升级，促进农民增收；增强适应性，新增生物制药工艺、新能源汽车等专业，提升对昌平区"两谷一园"建设的技术技能人才支持能力，服务区域经济社会发展。

学校明确职业教育要有互联网思维，需搭上数字经济转型的快车。学校成立校企农社乡村振兴产城教联盟，依托电商专业，开展众筹、直播带货等。近 5 年，学校以区域数字技术发展为导向，组建智慧农业、数字媒体艺术等 6 个专业群，为产业发展储备人才，实现专业（群）与区域产业发展同频共振。学校推进"爱心助农服务队 打造电商新农人"项目，该项目面向昌平区 56 家合作社开展农产品电商销售推广志愿服务、电商技能培训，帮助 1200 余名农民提升农产品销售技能，打开农产品销路，实现增收。学校对接区农业农村局、文化和旅游局、交通局等委办局，联手崔村镇等镇街及京东、宝马、联想等企业，通过参与"回天地区专项治理工作专班"，成立昌平区智慧农业产业学院、崔村镇社区培训学院、京东产教融合学院，开办"益农村校"等多种形式，搭建昌平数字农旅服务平台、昌平区专精特新企业数字化服务平台、"回天城市大脑"社区发展服务平台。汇聚多方资源，共同涵养区域职业教育良好发展生态，开展农民培训课程、乡村旅游线路、产品销售、远程帮扶指导等扎根"三农"的"四品"计划，赋能昌平区农业产业发展，为乡村振兴提供人才保障和智力支持，让学校焕发出勃勃生机与活力，有力助推昌平区乡村振兴、产业升级和社区发展。同时，学校建成"99365"终身在线学习平台，年均培训 3.2 万人次，惠及昌平 25 万余人，为昌平区"全国学习型城市""全市充分就业区"建设提供了强有力的支撑，职业教育促进乡村振兴、社会发展的作用愈加明显。

2. 建立"县、乡、村"三级培训网络体系

重庆市垫江县职业教育中心是首批国家级重点中等职业学校，开设 17 个专业。近年来，学校根据全县经济发展目标，紧紧围绕信息建设工作，依托其他职业学校与乡镇社区教育学校、村学习活动中心的现有硬件资源，"垫江职教'三农'服务网"的教学资源，建立"县、乡、村"三级培训网络体系，构建二、三级培训，开发适合区域发展和农村剩余劳动力的培训项目，通过计算机网络教室、手机 App、校讯通、QQ 群、微信公众号等形式，开展网上培训、网上交流咨询、集中培训和专家现场指导，促进"农、科、教"结合，对农村劳动力、企业员工进行培训。在全县实现资源共享，实现职业教育及技能培训管理数字化。扎扎实实为"三农"办实事、办好事，努力探索"网络环境下服务'三农'培训模式"，逐项落实试点工作并不断推广，积极为垫江"三农"经济发展服务。

2012 年，垫江县职业教育中心作为"教育部第一批教育信息化试点单位"启动"网络环境下服务'三农'培训模式"探索研究，逐步探索职业教育信息化与服务"三农"的深度融合，培养新型农民和新型农村实用人才。2018 年，垫江县职业教育中心成为重庆市高水平中等职业学校项目学校，成果在"互联网＋服务'三农'"特色项目中推广和深度研究，建成县内外培训点，开展线上线下培训。同年，学校加入"全国职业院校精准扶贫协作联盟"，并在联盟内推广服务"三农"经验。学校深入"三农"调研，依托高校"三农"专家和网络领域专家，通过网络信息技术、云计算、大数据等多技术融合，搭建"垫江职教'三农'服务网"，开通服务"三农"微信公众号。网站前台开设职业教育、交流咨询、垫江文旅、农业技术、培训视频、特色产业、供需信息等栏目；后台功能包括信息管理、栏目管理、用户管理、反馈管理。网站基于大数据分析、人工智能追踪，实时更新有效的农业新动向、新技术信息。通过新型的融媒体技术，将学习资源在抖音、B 站等平台进行宣传和技术推广，让服务"三农"灵活多变、高效便捷，保持服务手段的"先进性"。通过数字赋能县域中职学校服务"三农"转型升级新模式的创新实践，切实提高农村劳动力素质，提升教师能力，促进学校专业发展，助推县域经济发展，并在市内外产生重大影响。

3. 搭建"智汇兴农"平台

河南经贸职业学院是由河南省人民政府批准、教育部备案、直属于河南省教育厅的一所高等职业院校，学校设有 10 个专业大类共 49 个专科专业。

"智汇兴农"平台是由河南经贸职业学院策划设计，河南农购开发运营推广，立足河南面向全国的助力乡村振兴战略建设发展的线上平台。双方在合作中发挥各自优势，在科技攻关、资源共享、专业赋能及人才培养、成果孕育等方面实现优势互补，围绕"互联网＋农业"融合和应用，聚焦农业农村领域，从实际出发，提供电商大咖视频授课、特色农产品荟萃云集、美丽乡村典型案例、公益助农增收致富等诸多内容功能服务，为乡村经济高质量发展提供更加广阔的空间，助推乡村振兴的步伐再进阶。作为一体化、多层次、重实效的线上助农平台，"智汇兴农"云平台通过电商讲堂、名优特产、美丽乡村、公益助农等功能，从云端提供助农服务，开启"三农"帮扶力量"新模式"。目前，PC 端网站、微信小程序均已上线，并利用"互联网＋公益助农"模式高效传播，依托农购网深耕农村、服务农业的特点，将平台功能、内容与服务惠及乡村群众，将品牌价值渗透基层，打通公益助农推广的"最后一公里"，让农民朋友通过互联网受益，享受在"云端"学习电商知识、推动农特产品销售的乐趣，而且还可以便捷地学习了解各地特色农产品信息和乡村振兴优秀案例。

4. "电商直播 + 曹县汉服"特色主播模式

菏泽市曹县职业教育中等专业学校是一所省级规范化国办学校，设有 12 个专业。近年来，曹县职业教育中等专业学校建设了以实体电商为基础、以新媒体营销理论为支撑、以网络视听直播销售为方向、以生产性实训为主要内容的特色电子商务专业，深化校企合作培养电商产业专业技能人才，服务曹县电商产业发展。学校围绕传统电商、新媒体电商、网络视听经纪（MCN、直播公会等）等多种电商业态，以校企合作方式引进两三家业务体系成熟且具备曹县当地产业特色的电商企业，为学生提供校内实训岗位和实训指导教师，结合企业的业务内容和人力资源要求，围绕电商企业的真实工作任务，搭建校内常态化的生产性实训体系，初步形成以"电商直播 + 曹县汉服"为核心培养特色主播和运营团队的人才培养模式。学校电子商务专业积极深入农村开展专业调研，根据调研结果，不断优化专业布局，紧跟新业态发展趋势，深化产教融合，积极开展社会培训，为农产品网上销售提供技术支持和人才培训。另外，学校还实施"数商兴农"工程，推进电子商务进乡村，开展培训直播人才培训，助力传统产业转型升级。

5. 农村电商综合服务模式

兰州资源环境职业技术大学是公办本科层次职业大学，设置气象、冶金、环保等专业。学校紧密对接甘肃产业人才需求的资源环境类特色专业布局，联合政府职能部门与环境行业企业合作，组建甘肃省资源环境职教集团等，在天水市麦积区琥珀镇搭建农村电商平台，启动"互联网 +"琥珀镇花椒网络营销项目，并召开电商扶贫座谈会，确定琥珀镇花椒商标注册及品牌化商标的产品质量标准制定方案，以及琥珀镇花椒互联网运营的商业模式。通过互联网 + 的模式，开启琥珀镇花椒品牌化的新面貌，使琥珀镇花椒在点亮全国餐桌文化的同时，进一步带动当地经济及相关产业链的发展。

6. 直播带货模式

河南应用技术职业学院是隶属于河南省教育厅的一所全日制公办普通高等职业院校，专业涵盖生物与化工、财经商贸、土木建筑、医药卫生等 7 个专业大类，是河南省高水平高等职业院校建设单位。该校在紧紧围绕中原经济区建设和行业发展中，充分发挥化工专业特色和电子商务专业发展方面的优势，搭建开放性、多功能社会服务平台，促进区域经济的发展。先后与三门峡陕州区人民政府、开封祥符区人民政府等建立合作关系，对当地人才培养、经济发展等方面起到重要的推动作用。

2019 年 1 月，河南应用技术职业学院与开封市祥符区签约校地合作，开展科技成果转化、人才培养、创新平台共建等方面的深层次合作。该校利用其商学院电子商务专业优势，手把手教当地农户建立电商运营模式、畅通物流渠道，教会农户在建立好电商运营模式基础上，利用京东、快手等网络平台开展线上直播，让农户也变成"网红"，利用直播平台销售农产品，实现为当地农民增收。

（六）思政育人模式

职业教育在服务乡村振兴战略中发挥着越来越重要的作用。其中，职业教育中蕴含的工匠精神、劳动精神、劳模精神等，不但对职业院校的学生有潜移默化的润心作用，而且也渗透到其在开展服务乡村振兴的各项工作中，对当地农民和技能人才也起到润物无声的浸润作用。大思政格局的构建，职业院校开展的人才培养、职业培训等工作，自然地会融入凝聚时代精神的价值理念，用职业教育中蕴含的世界观、人生观、价值观影响工作的对象。同时，在服务乡村振兴战略时，有些职业院校侧重从党建工作、组织工作等方面加强对乡村劳动者的德技并修，形成"双联双促"、幼教特色服务、"思政下乡""耕读传家""党建＋脱贫攻坚＋乡村振兴""微党课＋"等服务乡村振兴模式。

1. "双联双促"模式

贵州农业职业学院是贵州省唯一一所农业类高职院校。学校围绕服务乡村振兴、大数据、大生态三大战略行动，设置 30 个专业方向。近年来，贵州农业职业学院以服务乡村振兴为总目标，办学规模、办学质量、社会影响力等各方面实现质的飞跃。学校围绕"为谁培养人，培养什么人、怎样培养人"的根本问题，开设思想政治理论课堂、书记课堂、"红色课堂"、实践课堂、"时光课堂"5 个课堂，推广爱党、爱国、爱农业"红绿黄"思政育人模式，推动思政教育走深走实。聚焦"农"字号，着眼思政育人、学科育人、实践育人，学校通过探索"专业＋思政"协同育人路径，教育引导学生崇尚劳动、尊重劳动，把劳动的种子植心间，进一步丰富贵州教育的乡村振兴内涵。同时，学校坚持丰富"党建＋"内涵，充分发挥党组织的战斗堡垒作用，推动党建与服务乡村振兴全面融合。学校打造"'双联双促'心连心，农业发展添助力"品牌，校党委委员带领9个党总支，深入玉屏、修文等省内多个地方，有针对性开展系列活动，把党的方针、政策宣讲到村、传达到组，推动"双联双促"（党支部联村、党员干部联户、共促乡村振兴、共促富民强农）落地见效。学校还组织队伍分赴铜仁、安顺、遵义等地开展大学生暑期"三下乡"社会实践活动，围绕党史学习教育、乡村振兴、民族团结进步等主题，发挥"农"字特色，给当地村民送去"真材实料"的技术指导。

2. 幼教特色服务乡村振兴模式

株洲师范高等专科学校是一所全日制公办普通高等学校，设有12个专业，形成学前教育、小学教育、文化艺术和信息技术四大专业群。近年来，株洲师专先后派出党员干部驻村扶贫，助力乡村振兴，以行动担当高校社会服务职能，以师范教育精准对接乡村教育振兴薄弱环节，均衡人才培育和社会需求的契合度，引导师专学子们树牢投身乡村教育的职业理想，极大丰富该校"师范特色办学"内涵，提升育人成效。学校是株洲市婴幼儿保教及保育科普基地，利用幼教相关专业优势，积极组织开展株洲市幼儿园教师从业能力培训，为当地幼教培养优秀师资。与当地社区开展共建，开展学前教育领域的技能培训，协助社区做好各项服务工作，提升社区幼教事业水平，满足社区群众需求。

3. "思政下乡"服务乡村组织振兴

兰州职业技术学院是兰州市政府所属的全日制普通高等职业院校。学校专业建设紧密结合市场和企业发展需求，共有2个国家级骨干专业、7个省级骨干专业、3个省级教改试点专业、3个省级特色专业、11个省级教学团队等。学校紧紧抓住高等职业教育发展机遇，根据西部经济社会发展状况，充分利用师资、专业、教学条件等资源优势，主动融入社会，增强社会服务能力，提高学院的社会声誉。

近年来，学校党委通过深入开展"两学一做"学习教育和"不忘初心、牢记使命"主题教育以及党史学习教育，用党建引领事业发展，凝心聚力，以马克思主义学院标准化建设为总抓手，立德铸魂，弘扬中华优秀传统文化，弘扬社会主义核心价值观，讲好"兰州战役"故事，传承甘肃红色基因。通过与甘肃瑞远柳工校企党支部共建双主体育人、"兰职讲堂"学术引领、以德育人"双百工程（读百部名著、百篇经典）"、预备役连部共建，以及开展"思政一分钟""抗挫折""孝道文化""表达演讲""人际交往""心理健康"6项人格教育系列活动，全面提升"三全"育人成效。特别是对建档立卡贫困家庭学生，学校成立资助帮扶工作小组，全力开展教育辅导、心理健康、勤工俭学、生活补助、减免学费等相关帮扶工作，做到应助尽助。近两年来，前后已累计帮扶 4159 名家庭经济困难学生，为 1090 名建档立卡贫困家庭学生发放生活补助，为甘南"校企双元培养班"全体学生进行全额减免学费资助。学校还利用爱国主义教育作为学院思政课程教材，与兰州战役纪念馆合作，设立"兰州战役教学研究基地""兰州职业技术学院思想政治教育实践教学基地"，与八路军驻兰州办事处纪念馆共建"爱国主义教育基地"，成立"实践教学基地"，新建"思政育人实践基地"，联合做好乡村振兴基层党组织建设，不断发挥党组织战斗堡垒作用和党员先锋模范作用。

4. "耕读传家"德育浸润

北京农业职业学院是一所全日制普通高等学校。学校紧紧围绕乡村振兴战略、北京市城市定位、都市现代农业对高素质技能型人才的需求，在长期办学实践中形成具有首都特点、北京特色、农业特征的建设格局。学校专业设置与首都经济社会发展高度契合，设有 40 个专业，其中包括园艺技术、动物医学等 15 个涉农专业，覆盖现代都市一、二、三产业。学校对接北京乡村振兴和都市农业产业升级，打造园艺技术国家级特色高水平专业群，引领全国都市现代农业专业群发展，直接为乡村振兴战略、京津冀一体化协同发展、"一带一路"建设的人才需求服务。

劳动育人是北京农业职业学院办学宗旨的具体体现，学院一直秉承扎根农业、重视劳动实践的优良传统，坚持农业职教办学特色，培养具有耕读精神、德技并修的高素质农业技术技能人才。自 2017 年起，学校开始打造"耕读传家"德育品牌，倡导"崇尚劳动，刻苦学习，知行合一，砥砺奋斗"的耕读精神，建设耕读传家教育基地，培养服务乡村振兴战略、知农爱农新型人才。学校每年举办耕读文化节等品牌特色主题活动，组织学生开展服务"三农"志愿服务活动等，充分发挥各专业优势，打造"耕读传家"等德育品牌系列活动。"耕读园"作为该校特色基地，将校园文化、耕读文化、稻田文化有效融合，在园区中设置稻田种植体验区，为学校耕读教育搭建重要的育人平台。通过身体力行的劳动教育，一方面培育青年学生吃苦奉献精神，另一方面让学生在劳动中了解耕读传家文化内涵，在学生心中种下知农爱农的种子。耕读传家德育品牌内涵不断丰富，助力学院三全育人工作取得实效。长期以来，学校坚持德技并修，结合农业职业教育特点，聚焦劳动教育课程、师资队伍、实践资源以及服务中小学劳动教育实践等关键环节，系统实施思政劳育、课程劳育、专业劳育、实践劳育和文化劳育。形成德育劳育协同模式，统筹推进文化育人、实践育人、活动育人，将劳动教育融入都市型现代农业特征，构建具有北京农职院特点的劳动教育模式，为全面推进乡村振兴提供高素质技能人才支撑。

5. 构建"党建 + 脱贫攻坚 + 乡村振兴"模式

重庆三峡职业学院是重庆市唯一一所以现代农业为特色的全日制普通公办高等职业院校。学校立足库区，辐射重庆，面向全国，以就业为导向，以社会需求为准绳，以能力培养为本位。学校深入推进产教深度融合，注重对外交流与合作，牵头成立中国生猪产业职业教育产学研联盟、成渝地区双城经济圈现代农业产教联盟、万达开川渝统筹发展示范区职业教育联盟和重庆市现代农业职教集团。同时，学校坚持以学生为中心，实施"政治引领""思想培育""文化传承"三大培根铸魂工程，构建"四位一体"党建与思政工作体系，创新"12386"学生思想政治工作模式，凝聚形成现代农业和乡村振兴技术技能人才培养的"三全育人"合力，该模式成功入选重庆市"十大育人"精品项目。学校切实加强党的建设，全面深化产教融合、校企合作，聚焦内涵建设，服务乡村振兴国家战略，用行动奋力书写不负时代的"排头兵"答卷，用实绩演绎学院一次次的华丽蝶变。

6. "微党课+"乡村振兴模式

河南工业职业技术学院是河南省国防科技工业系统唯——所高等职业院校，开设65个专业。学校坚定不移走产教融合、校企合作发展之路，校企共建7个产业学院，实现优势互补、合作共赢、共同发展。

学校将军工文化和大学生思想政治教育有机结合，在建设"红色军工文化铸魂育人工程"中，提升育人理念、优化顶层设计、创新工作载体，重点实施"七个一"项目，探索实践弘扬军工精神、彰显育人特色的思想政治教育新模式，服务国家乡村振兴战略。学校坚持"立足河南、面向全国、依托军工、服务社会"，强化军工办学特色和工科办学优势，在服务大局中创新突破，在产教融合中转型升级，在价值引领中立德树人，在内涵建设中行稳致远，紧紧围绕国家战略、区域发展和产业转型升级需求，走质量发展、特色发展和品牌发展之路，全面提升综合实力、办学水平和职业教育适应性。以此为依托，学校重视运用信息化手段进行党员教育，积极申报"强基引领人人领学微课推进"微党课典型案例，并把微党课运用到乡村振兴教育培训中，利用微党课对乡村党员、入党积极分子进行党性培训。同时，对如何上好党课进行积极探索，如流动党课、视频党课、送课上门等，宣讲内容主要以党的精准扶贫、惠民政策、中国精神引领、法律法规普及等为重点，针对群众关注的焦点政策，以党员群众喜闻乐见的形式，量身定制党课内容。形式多样、内容丰富的微党课活动，进一步拉近了教师党员和村民的距离，激发起乡村基层组织和党员队伍的无穷活力，为乡村振兴注入新动能。

六、职业教育在服务乡村振兴中存在的问题

（一）政府统筹协同治理力度不够

1. 缺乏明晰的衔接政策导向

在乡村振兴战略中，职业教育相对于中职教育和农村职业教育更有其优势。一方面，有些职业院校的涉农专业特色鲜明，如电子商务、物流专业等；有些职业院校建设有比较完善的服务乡村振兴的专业实训基地，并与当地农产品加工企业、农家乐集团等有密切的合作关系；有些职业院校科研实力较强，开展与农业实用技术、农业现代化等相关课题的科研项目，能够为当地农业发展等提供技术服务。另一方面，农村现代化建设急需大量扎根农村、热心农业的职业农民和技术员，缺乏大量推动农业发展的实用技术等。但是，在政府层面并没有制定相应的政策，对职业教育如何对接乡村振兴做出明确的规定。

2. 职业教育领导与管理机制"多头主管"，影响服务乡村振兴的协调管理

我国职业教育的行政体制比较特殊。自 20 世纪 80 年代"高职教育"一词提出以来，其管理体制和协同机制就一直存在着"多头主管"和"分块管理"的问题。我国高职院校绝大部分归教育行政部门管理，大部分省属高职院校归省教育厅主管。但还有一些以行业作为办学主体举办的高职院校则归该行业的主管部门主管。在乡村振兴战略实施过程中，由于主管部门的多头领导，各个部门的出发点和服务的方式各有特点，容易造成"政策撞车"或者"都不管"的现象，出现高职院校无所适从的尴尬状况。

3. 政校行企各相关方的协调缺少明确的主导部门

国家层面职业教育工作部际联席会议制度的建立，是职业教育发展过程中一项重要的机制创新。但是，在实施乡村振兴战略背景下，联席会议制度的作用还没有完全凸显出来。主要表现为：一是各级政府响应速度偏慢，说明省级政府层面对职业教育管理涉及众多部门的协调意识还没有建立起来。二是在乡村振兴战略实施过程中，参与方比较多，其中，政府应占据主导地位。但是政府部门多以

效率为目标追求各项事业的科学发展，因此，在相应目标驱动下，发展职业教育的过程中会将效率置为第一目标，对于如何协调各方力量服务乡村振兴战略则考虑不多；而城市的职业院校与居于农村的职业学校之间由于其办学理念、办学体制机制、办学条件、师资力量、人才培养方式等方面存在较大差异；行业企业往往会基于"投入—产出—收益"利益链条考虑，参与的动机和意愿并不强烈。由此，各相关方因为各自的利益权衡而不易形成合力，即使参与乡村振兴，效果也不太明显。

（二）职业院校发挥的作用和积极性不够

1. 职业教育办学模式与乡村振兴需要对接不够

职业教育办学模式其实就是职业教育理念在人才培养具体实践中的反映。具体说来，职业院校就是作为培养生产、建设、服务和管理一线的高技能人才的培训机构。多年来，职业院校在办学理念、专业设置、人才培养模式等方面都是采取普通教育的办学模式，存在类型教育特色彰显不突出，与区域经济产业、人才需求等方面对接不够，办学适应性不强等问题。

近年来，国家对职业教育的重视程度逐年提升。职业院校本身也在不断探索改革以适应经济社会的发展需要，即便如此，对在乡村振兴中应承担什么样的角色、发挥什么样的作用，仍未能进行全面深入地研究。目前，全国涉农职业院校总量较少，涉农专业也较少，并且这些院校和专业调整适应农业农村需求的速度较慢，影响了服务乡村振兴的效果。

2. 职业院校之间的壁垒影响服务乡村振兴战略的效果

党的二十大报告提出，要"统筹职业教育、高等教育、继续教育协同创新，推进职普融通、产教融合、科教融汇"。职业院校之间、校企之间需要加强沟通和交流，只有打破院校之间的壁垒，实施产教融合，才能更好地服务区域社会经济发展。但它们之间往往各自为战、闭门办学，造成人力资源、社会投资、信息资源等方面的浪费。因此，职业院校之间的合作依然有很大的提升空间。如全国有很多职业院校在专业设置上存在重复、培养专业雷同，在招生、就业等方面缺乏上级部门统一协调，从而产生不同程度的冲突，也是影响职业教育服务乡村振兴战略的因素。

3. 职业教育建设薄弱，且职业院校办学特色不够突出

近年来，国家对职业教育高度重视，先后出台《国家职业教育改革实施方案》、修订《中华人民共和国职业教育法》等一系列推动职业教育发展的法律法规和政策文件，为职业教育改革发展提供了有力的法律保障和制度保障。启动国家级"双高计划"建设，各省也都开展了省级"双高计划"建设。

总体来看，现有职业院校的专业设置都十分相似，办学特色不突出，没有很好地对接本地经济发展和社会需求。根据近几年来职业院校招生专业的统计分析，有一半多的院校集中在市场营销、电子信息工程、电子商务、会计、计算机科学与技术等专业招生，片面地追求热门专业、高科技内容，缺少了应用性、技能性和针对性的优势，也没有很好地与地区经济发展特点对接。这种外延式的发展模式很难精准对接乡村振兴战略。

七、职业教育服务乡村振兴的未来展望

目前，我国乡村振兴已经取得初步成效。特别是习近平总书记在党的二十大报告中指出："十年来，我们经历了对党和人民事业具有重大现实意义和深远历史意义的三件大事：一是迎来中国共产党成立一百周年，二是中国特色社会主义进入新时代，三是完成脱贫攻坚、全面建成小康社会的历史任务，实现第一个百年奋斗目标。"这三件大事中的第三件大事"完成脱贫攻坚、全面建成小康社会的历史任务，实现第一个百年奋斗目标"，是中国共产党对全国人民的庄严承诺，更是以习近平同志为核心的党中央信守这一庄严承诺，经过接续奋斗，终于如期圆满实现了小康这个中华民族的千年梦想，打赢了人类历史上规模最大的脱贫攻坚战，历史性地解决了绝对贫困问题。但是，不可否认，目前"三农"问题依然制约我国现代化的推进，成为"四化同步"（新型工业化、城镇化、农业现代化和信息化）

发展的"短板"。与此同时，新的问题也在不断涌现，"农村空心化"现象严重、"农业边缘化"依然普遍、"农民老龄化"日益突出等，这些都是阻碍推进乡村振兴战略的问题。

乡村要振兴，人才是关键。乡村振兴需要多层次多类型人才的培养，而能够承担这一使命的是职业教育和专业化培训。因此，职业教育服务乡村振兴战略是时代赋予的神圣使命，在新时代国家高度重视并大力发展职业教育的背景下，职业教育服务乡村振兴则是机遇和挑战并存。职业教育高质量发展与乡村振兴协同发展，要以习近平新时代中国特色社会主义思想为指导，以产教融合为原则，以人才培养供给侧改革为立足点，增强职业教育适应性，瞄准农业农村现代化新要求，加快推进机制完善、人才输血、就业保障、创业支撑和产业振兴"五位一体"有效衔接，实现职业教育与乡村振兴同频共振、高质量发展。

（一）服务指向：构建职业教育与培训体系

职业教育服务乡村振兴，要凸显职业教育的类型特性与服务区域经济发展的适应性，最主要的服务指向不但要围绕乡村振兴中产业振兴、人才振兴、文化振兴、生态振兴、组织振兴"五大"振兴的目标，同时还要瞄准农业强、农村美、农民富的农业强国目标，这就要求必须建立区域性、现代性的职业教育和职业培训体系。这一体系要充分体现县域性、融合性、层次性。具体而言，县域性是指要充分发挥县级职业教育主体（县级职业学校、职业教育中心等）的作用，构建更具服务效能的职业教育与培训体系；融合性是指要将承担职业教育培训的主力军——农村职业教育机构与高职院校共建培训共同体，面向家庭农场主、"乡村工匠"、农业产业工人、农业合作社负责人等进行技术技能等方面的培训，培训方式融理论与实践为一体；层次性是指职业教育主体的层次性及教育与培训对象的层次性，即职业教育与培训的主体有农村职业教育机构（职业教育中心、农村职业教育学校等），也有城市中的高等职业院校，包括专科、本科层次，以后会有更高层次的职业教育院校；职业教育与培训的对象有农村的留守农民，有新型职业农民，还有为促进乡村有效治理的乡村精英群体。

（二）路径指向：城乡融合为基，共同体引领为航

在开展职业教育和培训中，城乡融合共同体各方发挥各自的优势，承担各自的职责。职业院校为职业教育和培训搭建多层级培训平台，建立多层次、多类型的教育培训体系，开展培训教学、课程资源开发、线上课程建设等，有效发挥其主体性作用；企业侧重全面参与，发挥协同作用，提供职业教育和培训与产业、市场相关的信息及实践平台，并提供必要的技术师资等；政府部门则进行顶层设计、宏观管理，统筹各方资源，发挥其主导作用，为开展职业教育和培训提供政策保障。同时，加大对乡村振兴战略相关的文化、企业参与项目以及尊重职业农民等方面的宣传，吸引更多的城乡高素质人才返乡创业，推动乡村振兴。

1. 构建多层级、多类型的教育培训体系

职业院校联合当地教育主管部门、农村职业教育中心等开展适应现代农业发展和一、二、三产业发展需要的新型职业农民和各类技术技能人才培训，形成职业院校—县级职教中心—村级文化技术教学点三级职业教育和培训体系。职业院校一方面对接乡村经济社会发展需要开设相应的专业，培养高层次的新型职业农民和管理者；另一方面利用自身的教育资源优势，对留守农民、返乡创业人员及其他农业管理人员等开展高层次的培训工作。县级职教中心与当地行业企业协同开展农民技术技能培训工作，各村级教学点则是不定期邀请农业技术专家为农民讲授技术。同时，在构建现代职业教育和培训体系时，将信息技术融入其中，尤其是新冠疫情期间，线上教学已经成为职业教育和培训的重要方式。因此，除了线下培训之外，开发各类线上教学资源，建设线上课程，建立在线数字化学习平台和培训微信公众号，根据乡村产业需求，设置特色鲜明的教育培训专栏，以满足不同层次、不同类别群体的多样化和个性化学习需求。

2. 构建城乡融合职业教育体制机制

实现城乡融合发展，从根本上说要积极引导人力、资本、技术等生产要素在城乡之间交流互动，实现城乡资源的优化配置。乡村振兴所需人才存在多元性和多样性的特点，需要乡村振兴各相关方构建城乡融合职业教育共同体，完善城乡

融合职业教育体制机制。乡村振兴各相关方如政府部门、企业、行业、职业院校等，在城乡融合职业教育共同体中应发挥各自的优势，承担起各自的职责。政府部门可通过开展项目建设、构建平台等方式持续发力；各类职业院校在师资、教育教学理念、人才培养、信息化教学技术、企业外联等方面具有天然的优势，能够建立覆盖城乡领域的学习网络，承担技术培训、课程资源开发等方面的任务；行业企业则是给职业院校的学生、职业农民等提供就业或实践的机会，并提供专业的技术师资、信息方面的支持，同时，还可以根据市场培训需求，提供人才培训相关的信息，主动预测和研究乡村各类人才的需求及人力资源开发的需求，基于农村一、二、三产业发展需要，向职业院校及相关培训机构提出任务和要求，也可为政府部门提供决策参考意见。

（三）实施保障：政策配套为基，文化建设为航

1. 完善政策体系

构建城乡职业教育共同体是服务乡村振兴战略的一个有力抓手。在建设城乡职业教育共同体的工程中，有诸多因素的影响，既需要外部的政策支持，也需要内部各方的协同才能实现。尤其是外部的政策支撑，在现阶段并没有成熟的模式可供参考，这就需要城乡职业教育共同体各相关方探索创新政策配置，为乡村振兴提供政策保障。首先，各级政府层面要注重开展顶层设计，建立完善政策体系。政府与教育行政部门作为建立城乡一体化职业教育发展平台的主导力量，应首先明确各相关方的责任与义务。省级政府要明确省域内职业教育城乡共同体发展的主要目标和重要指标，并出台相应的制度与政策，为建设发展平台制定标准与方向；市级政府是推动城乡一体化发展的主体，是各项指标的具体落实者；市级政府所辖的各下级政府是具体执行者。其次，要通过建立各相关部门和相关方联席会议制度，推动相关部门、学校、企业等共同构建乡村振兴的组织体系。最后，打破城乡职业教育共同体中各职业院校之间招生、培养等各环节之间的壁垒，对教育资源进行重组与再分配，实行统筹管理，政府部门做好协调工作，为政策的实施打下组织基础。

2. 形成现代治理制度

制度经济学认为，制度会变成一种强大的理论，对组织本身会产生强大的约束力。因此，建立健全治理制度是构建城乡职业教育共同体的关键要素。首先，要重点建立以多重治理逻辑为起点的国家层面、各级政府和职业院校等不同层面构成的现代治理体系。在这一体系中，国家层面拥有制定政策的最终权威，尤其是关于激励机制、绩效评估等方面的规定，这也决定了共同体发展的导向；各级政府部门则是承担起政策落实和统筹协调各方之间关系的角色；职业院校和行业企业则是政策的执行者和落实者。其次，建立现代治理制度之后，就要将制度的作用发挥出来，用来激发城乡职业教育共同体的内生动力。在顶层设计的制度框架体系中，成立"管理机构共同体""师资队伍共同体""人才培养共同体"等涵盖行政管理、教师队伍管理、专业教师、课程开发、人才培养等全方位的微观共同体分支机构，相互协同、各司其职，发挥共同体治理制度的整体效能。

3. 建立沟通协商机制

首先，要建立一套城乡职业教育共同体各相关方之间的沟通协商机制。政府通过具体的制度安排，在教育布局、资金投入、搭建平台等方面起主导作用，各城乡职业院校利用其自身的区位优势，在教学设施、师资力量、课程设置等方面互融互通，协同发展，建设起均衡的协同协商机制。其次，要建立起促进城乡职业教育协同协商的平台。在共同体建设过程中，各相关方为实现各自利益的最大化，往往都会选择自己占优的策略。建设共同体的目的则是需要实现公共利益最大化。这就需要建立起各方有效协同协商的对话平台，以谋求共同制定合作发展各项举措。最后，要构建多元信息交流机制。资源、信息不均衡现象在城乡之间普遍存在，这就需要构建一套多元信息交流机制。这一机制的建立，需要政府、学校、企业的多重努力。乡村振兴所需人才的信息需要通过企业的人力资源发布，人才则需职业学校培养。在市场机制的调节下，围绕乡村振兴的产业链、人才链各相关方进行协同合作，为乡村振兴提供充足的人才信息。

4. 建立区域资源平台

乡村振兴战略关键在人才。职业院校培养的技术技能人才在服务乡村振兴战略中占重要比重。因此，城乡职业教育共同体要科学合理地搭建起职业教育师资共享的平台，加强职业院校之间，尤其是加强城乡职业院校之间的师资流动，缩小城乡职业院校之间的师资差距，实现师资队伍的优化和整体提升。除此之外，还要建立专业建设和课程建设之间的资源交流平台。通过专业建设和课程建设的交流，实现硬件与软件的交互，尤其是软件和线上课程资源的交流，更有助于实现职教资源的最大化利用。

第五章

向农而行：产教融合背景下
职业教育服务河南乡村振兴的实践探索与理论分析

党的二十大报告提出，全面推进乡村振兴，加快建设农业强国，扎实推进乡村产业、人才、文化、生态、组织振兴。在众多行业中，教育在服务乡村振兴战略中体现出其天然的优势，在脱贫攻坚阶段，教育在扶贫、扶智、扶志中起到了不可或缺的先导作用。在后脱贫攻坚阶段，即脱贫攻坚与乡村振兴战略相衔接的重要时期，教育更担负起重要的人才输出作用，这是教育的职责也是教育的使命。其中，职业教育的培养目标是培养高素质技术技能型人才。这些高素质技术技能型人才在乡村振兴中发挥着极为重要的智囊和技术支撑作用，也是未来扎根乡村服务乡村振兴战略的技术大军。

本章通过实地调研河南省职业教育现状与其服务乡村振兴的行动效果，对产教融合背景下职业教育服务乡村振兴的实践探索与理论展开进一步分析。

一、职教中原：河南省职业教育发展分析

党的十八大以来，国家高度重视职业教育，相继出台一系列政策推动构建教育体系、提高教育层次、扩大技能培训，为职业教育改革发展指明了方向。"十三五"期间，我国修订《中华人民共和国职业教育法》，从法律层面进一步明确了职业教育的类型地位，中专、高职、职业本科等纵向贯通，普通教育、职业

教育和高等教育横向融通，现代职业教育体系框架已经建立起来，职业教育正加速迈入提质培优、增值赋能的高质量发展新阶段。作为全国重要的人口大省、经济大省、农业大省和职教大省，河南"十四五"时期准确把握职业教育发展新变化和新趋势，抢抓机遇深化职业教育改革，推进职业教育高质量发展。

（一）河南省基本情况

河南省历史悠久，《尚书·禹贡》将天下分为"九州"，豫州位居九州之中，现今河南大部分地区属九州中的豫州，故有"中原""中州"之称。自古也是兵家必争之地，历史上名人辈出，在5000多年中华文明历史中，曾长达3000多年作为全国的政治经济、文化中心，是中华民族和中华文明的重要发源地。习近平总书记在河南考察时说，河南"伸手一摸就是春秋文化，两脚一踩就是秦砖汉瓦"。

河南省是人口大省，2023年3月河南省统计局发布的2022年河南省国民经济和社会发展统计公报数据显示，2022年河南省常住人口总量下降，自然增长人口60多年来首次出现负增长。2022年年末，河南省常住人口共9872万，其中，男性4955万，女性4917万，分别占常住人口总量的50.19%和49.81%。河南省常住人口中城镇化人口占57.1%，比2021年的56.4%增长0.7个百分点，比2018年的52.2%增长4.9个百分点，河南省城镇化人口实现5年连续提升（具体数据见表5-1）。

河南是农业大省。新中国成立以来，河南粮食产量屡创新高，在占全国1/16的耕地上，贡献出全国1/10的粮食，1/4的小麦，农产品加工业产值超万亿元，保证了国家的粮食安全，稳固了中国人的饭碗，这也是河南推进乡村振兴的坚实基础和独特的优势。经济发展迈出重大步伐，从2012年到2022年这10年间，河南经济总量相继实现3万亿元、4万亿元、5万亿元的跨越，人均生产总值相继实现4万元、5万元的跨越。产业结构实现了由"二三一"向"三二一"的历史性转变。服务业成为经济增长的第一动力，2021年服务业对经济增长的贡献率是63.1%。粮食生产能力稳步提高，2021年已建成7580万亩高标准粮田，粮食产量连续5年稳定在1300亿斤以上。

表 5-1　2022 年年末河南省常住人口数及其构成

指　　标	年末数（万人）	比重（%）
河南省常住人口	9872	100
其中：城镇	5633	57.1
乡村	4239	42.9
其中：男性	4955	50.2
女性	4917	49.8
其中：0—15 岁（含不满 16 周岁）	2266	23.0
19—59 岁（含不满 60 周岁）	5744	58.1
60 周岁及以上	1862	18.9
其中：65 周岁及以上	1436	14.5

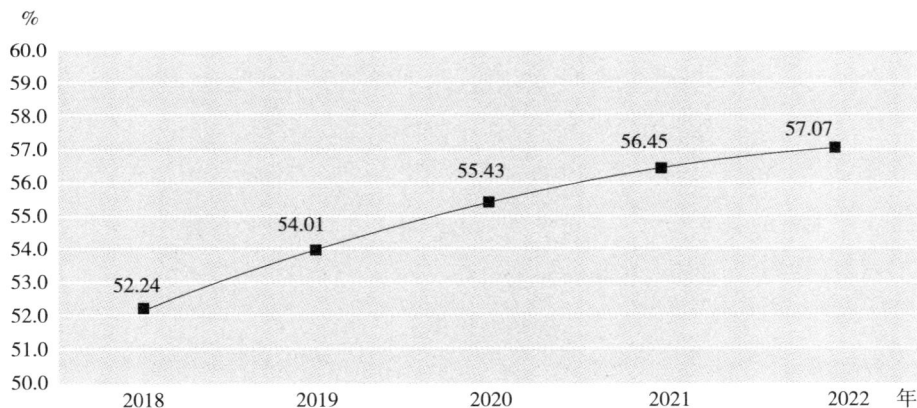

图 5-1　2018—2022 年河南省常住人口城镇化率

（二）河南省职业教育发展情况

新时代以来，河南省坚持以习近平新时代中国特色社会主义思想为指导，充分发挥中部地区连接东部西部和南部北部的区位优势，在国家大力推动中部地区高质量发展的大背景下，提出全面实施"十大战略"的重大部署。"十大战略"基于河南省情实际及今后河南发展趋势，从产业发展、创新驱动、城市规划、乡村振兴、改革、开放、民生等各个领域进行谋篇布局，包括实施创新驱动、科教兴省、人才强省战略及优势再造战略、数字化转型战略、换道领跑战略、文旅文创融合战略，以人为核心的新型城镇化战略、乡村振兴战略、绿色低碳转型战略、制度型开放战略和全面深化改革战略。其中，创新驱动、科教兴省、人才强省战略位于"十大战略"之首，河南省以"人人持证、技能河南"为着力点，推动职业教育和技能培训大力发展；服务河南省制造业高质量发展，大力培养"金蓝领"和企业新型学徒等技能人才，实现产业、行业、企业、职业和专业"五业"联动。

河南省委把技能河南建设作为落实十大战略的重要抓手，立足人力资源大省实际建设人力资源品牌，以习近平新时代中国特色社会主义思想为指导，围绕提质发展传统产业、培育壮大新兴产业、前瞻布局未来产业，大规模开展"全劳动周期、全工种门类"职业技能培训和评价取证，促进技术技能型劳动者队伍不断壮大、素质稳步提高，助力更多劳动者实现技能就业、技能增收、技能致富，探索出人口红利加速向人才红利转变、向发展动能转化的新路径，造就一大批技艺精湛的技能人才，为河南省农业高质量发展提供人才支撑，为农业大省稳就业促增收奠定"压舱石"。整合资源，面向农村强化培训。在服务乡村振兴领域，河南立足农业大省的基本省情，重点聚焦重点人群，开展职业技能培训，提升技能水平，高质量推进高素质农民培训持证工作。同时，注重培育重点急需新农人。树立"选育用"一体化培育理念，推动高素质农民培育工作与"三农"政策有机衔接。持续完善"一体多元、优势互补"的高素质农民培育体系，满足农民多层次、多形式、广覆盖的培育需求，培育的重点人群包括家庭农场主、农民合作社带头人和种养大户，以及新型农业经营和服务主体的带头人，包括农业经理人、种养加销售能手、农村创业创新者、乡村治理及社会事业发展带头人等。计划涉及的高素质农民总数为10.173万人，其中经营管理型高素质农民安排任务为3.181万人，专业生产型和技能服务型高素质农民培训任务为6.992万人。河南省还注重加强推动农民培训与职业教育衔接。加强高素质农民培育证书全省统一编号管理，有条件的地方探索建立农民"学分银行"，实施职业培训学时与职业教育学分转换。用好全国乡村振兴人才培养河南优质校资源，鼓励涉农高校、职业院校、农广校探索定制定向培养模式，推进高素质农民培育与职业教育贯通衔接，满足高素质农民提升学历的需求。

近年来，河南省委省政府大力发展现代职业教育，同时，也把加快构建现代职业教育体系作为促进中部地区崛起、黄河流域生态保护等国家重大战略的重要抓手，全面实施创新驱动、科教兴省、人才强省战略，开创推动河南经济社会高质量发展崭新局面。河南通过加大公共财政投入，确保职业教育经费"两个只增不减"，即财政教育支出总量只增不减，按学生人数平均的教育支出只增不减，把职业教育作为公共财政保障重点，持续加大职业教育经费投入。2016年全省一般公共预算职业教育支出为126亿元，2021年达到199亿元，年均增长12%，高于同期教育支出增幅3个百分点。[①]

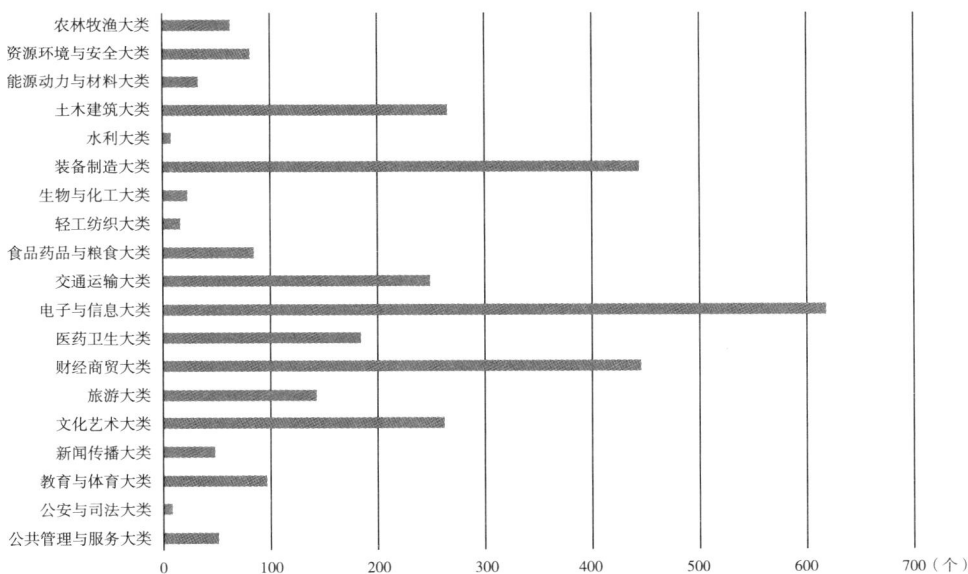

（数据来源：据河南省普通高校招生章程核定系统核定公示汇总整理）

图 5-2 河南省 2022 年高职高专院校（91 所）单招专业情况

---

① 河南省财政厅 . 我省持续提升财政保障水平 助力职业教育高质量发展 [EB/OL]. https：//czt. henan.gov.cn/2022/03-03/2407731.html.

从职业院校建设来看，河南省不断加大职业本科院校建设和高职单招工作力度。从专业设置来看，全省高职高专院校已开设的专业涵盖教育部《职业教育专业目录（2021年）》中19个专业大类（见图5-2）。但通过分析也可看出，河南省作为农业大省，而涉农专业的农林牧渔大类总数还不到80个，而电子与信息大类、装备制造大类、财经商贸大类等总数远远多于农林牧渔大类，专业最多的电子与信息大类的总数超过600个，是农林牧渔大类的7倍多。因此，省级政府层面还要视省情对专业大类的设置进行顶层设计，以使职业教育更好更有针对性地服务区域经济发展。

河南省职业教育办学规模逐年扩大，其中，高等职业教育总规模位居全国前列。截至2021年年底，全省共有高等学校166所，其中，本科层次职业学校1所、高职（专科）学校99所（名单如下），职业学校占比达60.24%。此外，2021年全省高职院校在校生人数达到100.55万，首次突破百万，实现既定扩招目标，总规模位居全国第二。

河南省99所专科学校名单

（数据截至2023年5月）

1	河南职业技术学院	2	漯河职业技术学院
3	三门峡职业技术学院	4	郑州铁路职业技术学院
5	开封大学	6	焦作大学
7	濮阳职业技术学院	8	郑州电力高等专科学校
9	黄河水利职业技术学院	10	许昌职业技术学院
11	河南工业和信息化职业学院	12	河南水利与环境职业学院
13	商丘职业技术学院	14	平顶山工业职业技术学院
15	周口职业技术学院	16	济源职业技术学院
17	河南司法警官职业学院	18	鹤壁职业技术学院
19	河南工业职业技术学院	20	焦作师范高等专科学校
21	河南检察职业学院	22	河南质量工程职业学院

23	郑州信息科技职业学院	24	漯河医学高等专科学校
25	南阳医学高等专科学校	26	商丘医学高等专科学校
27	信阳职业技术学院	28	郑州工业安全职业学院
29	永城职业学院	30	河南经贸职业学院
31	河南交通职业技术学院	32	河南农业职业学院
33	郑州旅游职业学院	34	郑州职业技术学院
35	河南信息统计职业学院	36	河南林业职业学院
37	河南工业贸易职业学院	38	河南建筑职业技术学院
39	安阳职业技术学院	40	新乡职业技术学院
41	驻马店职业技术学院	42	开封文化艺术职业学院
43	河南应用技术职业学院	44	河南艺术职业学院
45	河南机电职业学院	46	河南护理职业学院
47	许昌电气职业学院	48	河南推拿职业学院
49	洛阳职业技术学院	50	郑州幼儿师范高等专科学校
51	安阳幼儿师范高等专科学校	52	河南医学高等专科学校
53	郑州财税金融职业学院	54	南阳农业职业学院
55	濮阳医学高等专科学校	56	驻马店幼儿师范高等专科学校
57	三门峡社会管理职业学院	58	河南轻工职业学院
59	河南测绘职业学院	60	郑州卫生健康职业学院
61	河南物流职业学院	62	河南地矿职业学院
63	河南女子职业学院	64	河南对外经济贸易职业学院
65	濮阳石油化工职业技术学院	66	南阳科技职业学院
67	兰考三农职业学院	68	汝州职业技术学院
69	洛阳文化旅游职业学院	70	周口文理职业学院
71	信阳艺术职业学院	72	平顶山职业技术学院
73	郑州澍青医学高等专科学校	74	郑州电子信息职业技术学院
75	嵩山少林武术职业学院	76	郑州电力职业技术学院

77	漯河食品职业学院	78	郑州城市职业学院
79	焦作工贸职业学院	80	许昌陶瓷职业学院
81	郑州理工职业学院	82	郑州信息工程职业学院
83	长垣烹饪职业技术学院	84	信阳涉外职业技术学院
85	鹤壁汽车工程职业学院	86	南阳职业学院
87	郑州商贸旅游职业学院	88	郑州黄河护理职业学院
89	洛阳科技职业学院	90	鹤壁能源化工职业学院
91	平顶山文化艺术职业学院	92	信阳航空职业学院
93	林州建筑职业技术学院	94	郑州电子商务职业学院
95	郑州轨道工程职业学院	96	郑州体育职业学院
97	郑州城建职业学院	98	郑州医药健康职业学院
99	郑州亚欧交通职业学院		

二、职业教育服务河南乡村振兴战略的实践探索

乡村要振兴，人才是关键，教育是基础，职业教育是途径。党的二十大明确提出全面推进乡村振兴，河南作为农业大省、农业人口大省，做好"三农"工作、推进乡村振兴是全省工作的重中之重。职业教育是以高素质技术技能人才的有效供给，为经济社会发展提供强有力支撑和保障的教育类型。根据《2022 年河南省教育事业发展统计公报》，河南省共有中等职业学校 630 所（其中技工学校 95 所）、高职院校 99 所、职业本科学校 1 所，民办中等职业学校 168 所，民办高等职业学校 25 所，在校生 361 万人。"十三五"期间，全省职业院校共培养技术技能人才 352 万人，开展职业技能培训 1500 万人次，职业教育规模居全国首位。教育部与省政府联合印发了《关于深化职业教育改革推进技能社会建设的意见》，河南省成为部省共建职业教育创新发展高地的 7 个省份之一。全省建立了从中职到高职再到职业本科的较为完备的职业教育体系，高中阶段和高等教育阶段职普比实现大

体相当，重点建设 15 所示范性应用型本科院校和 1 所职教本科试点院校。深化职业教育考试招生制度改革，全省高职分类考试招生占比超过 60%，连续三年高质量完成高职扩招任务。在全国率先启动省级"双高工程"，遴选出来的"双高计划"学校中，有 6 所高职院校入围国家高职"双高计划"，其中黄河水利职业技术学院进入国家重点打造的 10 所世界一流职业院校行列。河南省连续成功举办 8 届"产教融合发展战略国际论坛"，打造职业教育的"河南名片"。"十三五"期间，主动服务脱贫攻坚和乡村振兴战略，培训"建档立卡"贫困人员 3.82 万名、新型职业农民 3517 名。每年开展"双师型"教师培训 3500 余人次。全省职业院校与企业联合开展产品开发、技术推广项目 6000 余项，推动落地"鲲鹏产业学院""京东电商实训基地"等一大批产教融合项目。积极服务"一带一路"建设，打造"大禹学院""詹天佑学院""电力丝路学院"等一批职教国际品牌。

（一）职业教育服务河南乡村振兴的案例

河南省在大力发展职业教育的同时，职业院校也以独有的方式回馈政府对它们的大力支持，将社会责任和服务社会的功能扛在肩上，付诸在行动中。有的职业院校发挥"农"专业优势服务中原粮仓的建设，有的职业院校凭借特有的专业优势服务当地的遥感测绘事业，有的开展校地结对帮扶的形式进行精准服务乡村振兴，等等（详见表 5-2）。

表 5-2　河南省职业院校服务乡村振兴的典型模式一览表

序号	案　例	案例学校
1	为打造中原粮仓提供人力支持	河南农业职业技术学院
2	发挥专业技术优势助力乡村振兴	河南工业职业技术学院
3	校地结对帮扶，助力乡村振兴	河南职业技术学院
4	党建 + 助力乡村振兴模式	黄河水利职业技术学院
5	互联网 + 电商助农模式	河南经贸职业学院
6	乡村振兴的南阳模式	南阳农业职业学院
7	文旅助农模式	郑州旅游职业学院
8	政校合作助推乡村振兴	郑州信息科技职业学院

案例 1：为打造中原粮仓提供人力支持

河南农业职业技术学院充分调动各方面积极性，坚持办好人民满意的教育办学宗旨，以全国教育大会精神为指引，围绕以德树人根本任务，持续推进校企合作办学体制机制改革，不断深化产教融合、校企合作，形成地方高职院校办学体制和产学合作机制，秉承"举农字旗，走强农路，育新农人"的办学理念，为河南扛稳粮食安全重任、实现"中原粮仓"到"世界餐桌"转型升级提供人才、技术和智力支撑。

该校不断提升高校创新能力，为乡村振兴提供源头动力，同时深化产教科融合，为乡村振兴夯实人才基础，不仅授人以鱼，还授之以渔，既组织教师深入一线解决实际问题，又开门办学加强基层培训服务。学校发挥涉农专业技术人才优势，为乡村振兴提供科技新动能。农工学院专家组成员结对帮扶平顶山，长期开展病虫害防控督导服务；园艺专家组成员对接服务中牟县果树生产合作社，促进果树品种升级换代 200 余亩；专业群联合河南省作物新品种引育中心，实施"小麦高产、高效、绿色生产技术集成示范与产业化开发项目"，项目核心区 500 亩，辐射带动 100 万亩，并组织开展技术培训活动，共培训群众 2000 余人次。以新型农村合作社为结合点，做好产业扶贫平台建设。依托产业帮扶，由点到面，发挥引领、辐射带动作用，打造精准扶贫的新模式。

助力乡村振兴战略，加快传统农业向现代农业的转变，农业工程学院教师开展"引入创意农业思维，促进农业发展，助推乡村振兴"专题讲座。教师围绕"什么是农业"这一话题开讲，强调创意农业是技术、经济和文化等相互交融的产物，创意农业产品是新思想、新技术、新内容的物化形式，是多知识、多学科、多文化和多种技术交叉、渗透、辐射和融合的产物。作为一种创意产业，创意农业需要更多人的智慧来参与构建和完善其体系与内涵。在现代农业发展的新阶段，创意农业作为都市型现代农业的重要组成部分，可积极助推乡村振兴的创新发展。

2021 年 6 月 18 日，该校和滑县人民政府合作共建河南农业职业学院。此举既是地方政府部门与高校共同合作、服务乡村发展的一项创新性举措，也为推动人才振兴、建设农业强县提供了有力保障，更是地区乡村振兴和教育事业发展过程中具有里程碑意义的大事。与号称"国家粮仓看河南，河南粮仓看滑县"的产粮大县达成合作共识，是双方贯彻落实习近平总书记指示和党中央、国务院决策部署，也是推动乡村人才振兴的有力举措。

案例 2：发挥专业技术优势，助力乡村振兴

河南工业职业技术学院的"高分辨率对地观测系统河南数据与应用中心南阳分中心"是全国第一个地市级高分中心，"北斗信息（河南）综合服务平台农业分中心"是全国高职院校中唯一一个利用高分遥感和北斗信息技术服务"三农"发展的科研服务平台，学校充分发挥技术优势，对方城县城乡规划、农业生产、生态保护等领域，提供规划编制、专题研究、专业支持，探索出一条服务区域发展乡村振兴的新路子。在农业规划和粮食增收方面，提供专题研究。运用高分北斗技术手段，对方城县全域耕地面积进行覆盖，为方城县制作农业用地面积和分布遥感影像图，向农业部门提供县域农业用地面积和分布情况数据，开展全县农作物长势、粮食估产和病虫害监测工作。

在环境保护和水资源利用方面，提供专业支持与技术服务。利用无人机航测技术，对方城县生态环境和潘河、三里河、望花湖等区域进行全域监测拍摄，建立三维立体模型，对全域水质进行遥感监测，为方城县提供正射影像图，掌握水文地貌，为区域水资源利用、生态保护、形成旅游产业链条提供科学依据。

该校的"河南省乡村规划虚拟仿真工程研究中心"是河南省工程研究中心。该中心主动对接地方政府，在乡村产业规划、乡村生态规划、乡村基础设施规划、乡村公共服务设施规划、乡村旅游规划、乡村景观规划、乡村民居规划、乡村遗产保护规划等全方位多方面开展科研、帮扶等工作。

积极服务乡村振兴国家战略，坚持走政、产、学、研、用相结合的道路，瞄准国内外乡村规划虚拟仿真研究的前沿，围绕乡村规划理论研究和实际应用，集中更多的优质资源实现共建共享，推动河南省乡村规划行业技术进步，提高乡村规划类企业创新能力，解决乡村规划虚拟仿真技术应用中的实际问题。

案例 3：校地结对帮扶，助力乡村振兴

河南职业技术学院始建于 1954 年 12 月，先后历经河南省机器制造技工学校、河南省工业技术师范学校、河南省技工教育师范学校、河南职业技术教育学院等历史沿革。1999 年 3 月改制为河南职业技术学院。学校是国家示范性高等职业院校、国家优质高等职业院校、国家"双高计划"建设单位，河南省"双高工程"建设单位。

该校大力服务乡村振兴，加强农民培训服务，在帮扶地区学校开展"领头雁培优工程"、烹饪技术、花卉苗木种植技术。技能专题培训等帮扶项目充分发挥学校在人才、智力及职业技能培训方面的优势，深度参与和支持帮扶地区巩固脱贫攻坚行动。2022 年，学校依托专业优势和技术优势，举办"乡村振兴教育大讲堂"系列直播课，在线观看达 5 万余人次，拓展了学校助力乡村振兴的渠道；举办"农业经理人培训班"，承接高素质农民培育工作，400 位农业经理人走进河南职业教育的顶级课堂，和行业、产业专家一起学习探讨农业创富之路。

该校积极实施"校地结对帮扶"精准扶贫行动，助力舞阳乡村振兴，开展特色帮扶。在舞阳成立"河南职业技术学院舞阳化工研究院"，找准帮扶支点，实现精准脱贫；与舞阳中专共同签订"3+2"联合办学协议，开展联合办学，提升舞阳中专办学条件；学校一直助力舞阳脱贫攻坚，开展文化特色帮扶，服务地方经济社会发展。2021 年 4 月，教育部网站在"打赢脱贫攻坚收官战"专栏展播了该校师生脱贫攻坚微视频《撒播金色的种子》，是河南省教育厅向全省高校征集并推荐至教育部的 5 部优秀视频之一。

案例 4：党建＋助力乡村振兴模式

黄河水利职业技术学院始建于 1929 年，是河南省和全国水利行业第一所高职院校。2016 年被教育部、财政部确定为国家优质高等职业院校立项建设单位，2019 年顺利通过教育部复核认定；2019 年入选中国特色高水平高职学校 A 档建设单位。

该校在"十四五"发展规划中明确"加强党的领导、服务国家战略、实施六大工程、健全五大体系、打造四高强校，建设中国特色职业技术大学，引领中国职业教育高质量发展"的发展目标。学校坚持"依托水利、服务河南，根植中原、走向世界"的办学定位、"技术人才摇篮，创新服务基地"的办学理念，充分彰显"黄河为魂、水利为根、工程为基、育人为本"的办学特色，培养了大批具有博大爱心、吃苦精神、强壮体魄、精湛技艺和创新意识的德智体美劳全面发展的高素质技术技能人才。近年来，该校先后荣获全国文明单位、全国教育系统先进集体、全国职业教育先进单位、全国毕业生就业典型经验高校、全国深化创新创业教育改革示范高校、全国五四红旗团委、河南省职业教育攻坚工作先进单位。

该校注重对接乡村振兴需求，实施"产业＋专业＋培训"模式，聚焦扶贫扶智扶志，在农田水利、水资源节约集约利用、乡村规划、环境整治等方面精准施策，研制黄河滩区蔬菜自动化设施水肥耦合控制、机器视觉金银花分拣等生产性实用技术，开展技术培训近千人次，助力新农业主体发展产值年增长7%。发挥生态水利、地理信息、智能制造等专业优势，破解区域中小微企业发展难题，多次荣获河南省"助力脱贫攻坚服务先进单位"，开封市"脱贫攻坚先进集体"。面向新疆、西藏、甘肃等地区开展水利工程对口支援，筑牢基层水利"安全长城"。

该校还高度重视巩固脱贫攻坚成果与乡村振兴有效衔接各项工作，实施"党建＋"帮扶模式，在发展种植、养殖和劳务输出等产业上精准发力，大力推进美丽乡村建设，助力乡村振兴战略，工作成效显著，得到开封市和郭景村及周边群众的高度评价与认可。学校65个基层党支部、92名帮扶责任人和700余名教师党员，通过实施"支部＋党员＋贫困户"帮扶模式，打造"校＋企＋村＋户"的农作物种植模式，让贫困群众富在产业链上。依托刘店好青年创业实践基地，为刘店乡搭建农产品销售平台，提供电商营销服务，帮助销售农产品，合作建立农购网农特产品展销。线下常态化开展消费帮扶，解决农产品滞销问题，提高农民特色种植积极性，促进农作物的灵活种植，为美丽乡村建设提供产业支撑。在发展种植、养殖等产业和劳务输出上精准发力，2018年郭景村贫困村出列，2020年全部贫困人口高质量脱贫。

该校通过"党建＋"驻村帮扶，营造文明尚德乡风。学校先后派出由校党委副书记、副校长、学院副书记为队长的驻村工作队16人，进行"五天四夜"驻村帮扶。通过与村支部联合开展政治理论学习，增强村"两委"抓党建促脱贫攻坚的认同感，激发村"两委"干事创业的使命感。辅助召开村民代表大会、产业发展研讨会、致富能人座谈会等，提高村民致富的内生动力。学校每年拨付扶贫专项资金50万元，用于基础设施建设，完成三期美丽乡村建设工程，创作墙绘1500平方米，新建村史馆500平方米，安装59盏太阳能路灯。完善村级管理制度8项，建立乡规民约5项，驻村工作队和"村两委"定期举行"5+N"主题党日活动、孝老敬老"饺子宴"及"好婆婆、好媳妇"表彰等活动，营造文明尚德的乡村风貌。

该校通过实施"党建+"教育帮扶，采取扶智扶志同向同行，充分发挥教育资源和专业技术优势，构建"党建+"教育帮扶长效机制。通过捐赠电脑45台套、建设信息化教室1个、捐赠各类图书600余册、援建文化书屋1个，为郭景小学老师辅导计算机知识与技能，对学生进行谢党恩、科普教育等活动，以及开展电子商务、经济作物种植、家禽养殖等技能技术培训500余人次，增强贫困群众脱贫的"造血"功能。

该校通过实施"党建+"产业帮扶，助力乡村振兴战略。近两年通过消费帮扶，共爱心消费贫困户西瓜8600斤、蔬菜12502斤、红薯25600斤等农产品价值约15万元，促进农作物的灵活种植，为美丽乡村建设提供产业支撑。生态扶贫、特色种植、养殖和劳务输出等扶贫举措成效显著。学校"党建+"精准扶贫成效得到广大人民群众的充分肯定和赞誉，连年获评"开封市脱贫攻坚工作先进单位"。

案例5：互联网+电商助农模式

河南经贸职业学院建成了河南省智慧农业远程环境监测控制工程技术研究中心，服务乡村智慧农业建设。通过领着农民学，联合省科协，培养骨干、以点带面、辐射带动；创建河南省乡村振兴技能人才培养示范基地，送教下乡、一线帮扶。帮着农民销，成立河南产品直采体验中心，全省108县特色产品入驻，线下展示、线上销售，销全国、卖全球。引着农民创，指导农民创建网络店铺、进行品牌策划、注册抖音等广开渠道推广农特产品。学校商务学院专业服务乡村振兴，送教下乡、直播带货双向提升。通过送教下乡，开展电商助农。程佳聪老师受中牟县农委邀请，赴中牟县姚家镇开展农产品新媒体营销电商技能培训，参训农民达到 100 人。通过直播带货，助力乡村振兴。2022 年 4 月，商务学院的学生在中牟县姚家镇草莓基地，利用"田间直播"的形式帮助农户打开销售渠道；制作中牟小吊瓜短视频开展直播带货，累计直播 35 场次、销售额达到 8 万余元。通过产教整合，优势互补，"双十一"技术服务独具特色，2022 年为企业增加经济效益 2.4 亿元。学校荣获河南省脱贫攻坚先进集体。

案例 6：乡村振兴的南阳模式

南阳农业职业学院 2020 年 8 月获批成为河南省高等职业学校高水平专业建设单位。

河南是国家粮食主产区，南阳是粮食生产核心区。南阳农业职业学院作为全省仅有的两所农业职业院校之一，一直以来按照"科教兴农、人才强农、新型职业农民固农"的战略要求，服务"三农"，服务地方经济发展，与当地政府和农业主管部门联合开展人才培养，利用自身专业优势帮助当地农民、企业开展技术攻关，服务农业产业发展，加快构建高素质现代农业生产经营队伍，为农业战线输送数以万计的精英，为建农业强省、保天下粮仓、服务国家粮食安全战略作出了突出贡献，切实推动乡村振兴。

作为河南省"双高计划"立项建设单位，学校充分发挥涉农职业院校专业和人才优势，坚持将服务"三农"作为责任与使命担当，聚焦乡村人才振兴需求，按照"提高农民科技文化素质、推进乡村人才振兴"的总体思路，提升教育培训能力、提高教育培训档次、扩大教育培训规模，着力培养"学农、知农、爱农"的农业技术技能人才，引领农业高等职业教育高质量发展。

根据河南省农业农村厅《河南省 2019 年农民教育培训工作实施方案》和南阳市农业农村局《南阳市 2019 年农民教育培训工作实施方案》精神，该校每年完成新型职业农民培训服务 4500 人次的工作量。在此期间，还对外顺利完成与南阳市 13 个县（市）农业局的安排部署、学员选派等工作，深入贫困县进行招生宣传，利用微信群、朋友圈等宣传培训，让老学员推介新学员，帮助更多农民了解国家的惠民、利民政策，积极参与培训提升。通过设置公共课、专业课、实训演练、考试考核 4 个模块，采用专家授课、学员互动、基地实践相结合的教学模式开展培训。在实践教学过程中，专家教师到基地进行现场示范。培训效果显著，学员通过全国农业科教云平台、"云上智农 App"在线评价，满意度达 100%，圆满完成基层农技人员培训。为配合全国基层农业技术推广体系改革与建设项目的实施，进一步提升基层农业技术推广人员的技能水平，更好地发挥现代农业技术培训基地在基层农业技术推广人员培训中的作用，该校承办了宛城区基层农技推广体系改革与建设补助项目农技人员培训，以及和济源基层农技推广体系改革与建设补助项目农技人员业务能力提升培训。培训均采取集中教学、讨论交流、观摩实训相结合的方式开展，重点围绕各专题，对现代农业、农技人员自身素质等方面进行培训，并组织学员到相关企业进行观摩实训。农技人员开阔了视野，学习了新的技术。

为深入贯彻落实南阳市委"两个高质量"工作要求，培养造就高素质的乡村干部队伍、驻村第一书记和街道社区干部队伍，决战决胜脱贫攻坚和助力乡村振兴，该校成立南阳乡村干部学院，承办 4 期南阳乡村书记大讲坛，参训学员达 610人。培训内容囊括全域党建、农村"三变"改革、脱贫攻坚、直播带货、压力管理与心理调适、社区治理、城市基层治理等，理论与实践相结合，内容多元，实用性强，受到市委组织部领导和学员们的一致好评。目前，南阳乡村干部学院已成为南阳乡村干部能力素质提升的"加油站"，以培养造就懂农业、爱农村、爱农民的"三农"工作者队伍为育人目标，为南阳市全面实施乡村振兴战略提供强大的人力资源支撑。

另外，该校还充分发挥专业特色和专业优势，建设河南省动物疫病防控工程技术研究中心、南阳市动物疫病防控重点实验室、河南省生物工程技术研究中心重点实验室，这些实验室以动物疫病病原库建立、快速诊断检测、疫苗和治疗性抗体研发应用、中药替抗、养殖废弃物资源化利用为研究目标，针对养殖业发展的瓶颈问题，旨在提升动保产品和养殖等相关产业的核心竞争力，为南阳盆地辐射中原经济区乃至国家战略新兴产业可持续发展提供强有力的支撑，为推动乡村振兴，实现绿色低碳高质量发展提供技术力量。

案例 7：文旅助农模式

郑州旅游职业学院创建于 1985 年，2004 年 5 月经河南省人民政府批准并报教育部备案，是河南省高水平高等职业学校和高水平专业建设工程建设单位、省职业教育品牌示范院校、省优质专科高等职业院校。

该校一直致力于加强应用研究，服务于当地经济社会发展，利用专业优势推动服务企业高质量发展，组织教师积极走访企业，详细了解企业运行情况，询问企业运行中遇到的困难和问题，征询企业高质量发展在人才、研发等方面的需求，联合开展技术攻关研究，探寻校企合作、成果转化、精准帮扶有效路径。一是助力旅游区精品化水平提升。旅游管理学院教师利用节假日，坚持为清明上河园景区暗访做社会监督员。利用专业知识对旅游基础设施和公共服务设施等方面存在的问题提出意见和建议，帮助清明上河园景区进一步提升景区精品化水平，提高游客深度游园体验的舒适度、幸福度。二是助力乡村振兴。国际工商学院"E·启爱"社会实践志愿服务队赴河南省中牟县豫蒲食蒲公英基地，立足专业知识，现场示范直播带货，手把手教技能，向基地的工作人员讲解直播的专业话术、产品卖点营销、直播间氛围把控等内容，利用现代物联网电商销售平台打开豫蒲食销售渠道；机电工程学院"智·青春"社会实践志愿服务队赴中牟县官渡镇田庄村草莓种植基地，为草莓种植基地提供技术指导，开展技术下乡助农，提高大棚基地种植现代化、自动化水平。利用自身优势，助力乡村振兴战略。

案例 8：政校合作助推乡村振兴

郑州信息科技职业学院是 2002 年由河南省政府批准成立、2003 年在教育部备案的一所专科层次的全日制普通高职院校，实行省政府主管、河南开放大学代管的管理体制。2022 年 6 月，该校在全省开放大学办学系统内举办河南开放大学乡村振兴大讲堂启动仪式暨首期乡村振兴大讲堂，来自全省"一村一名大学生计划"的村"两委"干部学员、校地结对帮扶罗山县、孟津区长岭村"两委"干部及合作社负责人万余名学员线上参加了启动仪式和培训。首期讲座还邀请到全国政协委员、中原学者范国强教授作主旨报告。"大讲堂"依托河南开放大学系统办学优势，有针对性地对大规模村"两委"干部开展系统培训，在河南省尚属首次。该校还将"大讲堂"办在基层、办在田间地头，多次组织省内外知名乡村治理专家、教授和从事农产品电商的一线创业导师等深入洛阳市嵩县、校地结对帮扶罗山县为当地优秀村干部和致富带头人进行授课，分享农村人居环境整治优秀做法、传授农产品直播电商的实操技巧，得到当地学员的一致好评。相关活动还被河南卫视、人民政协报、人民网、河南日报、大河报、郑州日报、郑州晚报等媒体报道 30 余次，"大讲堂"品牌效应初见成效，对外社会服务能力显著提升。

该校认真落实省政府发布的《关于印发河南省开放大学综合改革方案》要求，积极推进河南乡村振兴网络学院智慧教育平台建设工作。该平台充分利用 5G、云计算、人工智能、大数据、深度学习等技术，对学习者进行智能识别、智能感知，为学习者提供精准的教学支持平台，是河南省第一个基于乡村振兴的网络智慧教育平台，设有资讯中心、学习中心、培训广场、直播课堂、成果展示、专家问诊、一村一品等栏目。与此同时，乡村振兴专家人才库和乡村振兴视频资源库建设有序推进，目前已完成第一批课程资源的采购工作，共采购课程资源 1016 个，已完成 5 门精品课程建设。截至目前，平台一期工程已顺利上线，并已依托平台在办学系统内顺利开展了《乡村振兴人才工作相关政策解读》主题党课和多期乡村振兴专题培训，累计培训学员达 10 万人次。该平台重点解决了新冠疫情背景下河南省各基层乡镇在产业发展、人才培养、文化繁荣、生态保护、组织建设、城乡融合、政策宣传等方面所面临的问题，打造更加开放灵活的乡村振兴人才培养形式，成为学校服务乡村人才振兴的新载体。

该校大力实施"走出去、引进来"战略，积极加强同省直职能部门的沟通与协作，在政校双方探索建立立体化、常态化合作新机制，打造人才培养新高地方面做出有益探索。2022 年 7 月，河南省乡村振兴协会、河南省科技厅现代农业农村科技处、河南省农业农村厅农产品质量安全监管处、河南省林业局科技处、河南省委农办秘书处等职能部门的主要领导先后受邀到学校调研并指导乡村振兴工作。该校顺利承办省科技厅"科技特派员大讲堂"公益直播培训，为全省有需求的基地、企业和农民群众带来切合实际的实用技术培训，将乡村振兴人才培养落在实处，同时也拉开学校携手省厅相关部门高质量开展乡村振兴合作共赢、协同发展的新序幕。

（二）职业教育服务乡村振兴的案例分析

近年来，在国家政策导向的指引下，河南省职业教育服务乡村振兴的实践行动积极开展，形成许多具有借鉴意义的典型做法，呈现出以下特征：

一是这些案例涉及的职业院校大多是国家级、省级特色高水平高职学校和专业建设计划建设单位，这些职业院校大多位于省会城市和省内其他重要城市，它们的办学基本条件、师资水平、人才培养质量和社会服务等方面较其他位于县城甚至农村的职业院校有着显著的区位优势和资源优势，这些职业院校服务乡村振兴实践案例的辐射面更广、示范性更强，为其他职业院校更好地服务乡村振兴提供了多样性的模式借鉴。

二是这些职业院校的办学定位和人才培养目标都十分明确，同时作为国家级、省级示范院校和"双高计划"建设学校，在开展社会服务方面有充足的内驱动力，注重挖掘自身专业优势和科研特色，主动对接区域经济发展，尤其是乡村产业振兴，在凸显职业教育适应性和服务经济社会发展方面成效显著。

三是综合以上案例可以看出，职业教育在服务乡村振兴战略方面具有自觉性和天然的专业优势。但是，通过服务乡村振兴的实际效果来看，仍然存在一些不足。有一些职业院校为服务乡村振兴的案例存在，有一些职业院校为完成学校建设任务中的社会服务任务的案例存在等。产生这些问题一方面是由于职业院校在服务乡村振兴战略的行动上都是自发的，没有政府层面的顶层设计和统筹安排，学校各自为战，呈现出服务乡村振兴的碎片化、不成系统等现象；另一方面是由于在建设"双高计划"学校的过程中，国家和省级层面对这些职业院校提出的社会服务方面应该完成的任务和指标有一定的被动性，服务效果也存在浮于表面和断断续续的情况。

四是从服务效果看，河南省作为农业大省，省内各职业院校的专业设置覆盖19个专业大类，其中，农林牧渔大类约有 70 个专业，远远低于电子与信息大类的个数（该类约有 610 个），只占电子与信息大类的 11%。因此，这些职业院校的专业设置与河南省区域经济发展的产业之间匹配度不高，服务河南省乡村振兴的效果也不够明显。

五是从实践行动层面看，乡村振兴战略的实施离不开职业教育的鼎力支持，在乡村振兴与脱贫攻坚相衔接的时候，职业教育要为农村一、二、三产业培养高素质技术技能型人才，提供强大的人力资源支撑。职业教育在服务乡村振兴战略的同时，它在与乡村社会发展过程中也逐渐实现高质量发展进而获得双向共赢，实现职业教育高质量发展与乡村振兴的双向奔赴。

第六章

模型构建：产教融合背景下
职业教育服务乡村振兴模型构建与策略分析

党的十八大以来，习近平总书记就做好"三农"工作特别是实施乡村振兴战略发表一系列重要讲话、作出一系列重要指示批示，深刻阐述了实施乡村振兴战略的内涵要义、方向道路、工作布局、基本任务和原则要求，为坚定走中国特色社会主义乡村振兴道路提供了根本遵循。以习近平同志为核心的党中央，坚持把解决好"三农"问题作为全党工作的重中之重，全面打赢脱贫攻坚战，启动实施乡村振兴战略，推动农业农村取得历史性成就、发生历史性变革。党的十九大报告提出实施乡村振兴战略，2018年中央一号文件《中共中央 国务院关于实施乡村振兴战略的意见》对于乡村振兴战略给予明确而细致的部署，战略的目标是乡村全面振兴，农业强、农村美、农民富。党的十九大报告对于实施乡村振兴战略提出"产业兴旺、生态宜居、乡风文明、治理有效、生活富裕"的总要求，5个要求同等重要，任何一个都不可忽视。振兴乡村必须立足当前中国农村的现实基础，充分利用当前国家和各地出台的政策制度。党的二十大报告中提出，坚持农业农村优先发展，坚持城乡融合发展，畅通城乡要素流动。加快建设农业强国，扎实推动乡村"五大振兴"。从党的十九大报告提出"实施乡村振兴战略"，到党的二十大报告强调"全面推进乡村振兴"，不仅概括出5年来乡村振兴取得的阶段性成就，也进一步明确了新时代新征程"三农"工作的总体要求和前进方向。

一、举旗定向：乡村振兴政策环境解析

"三农"工作是立国之基、治国之本。习近平总书记始终高度重视"三农"工作，为我们做好"三农"工作树立了典范。党的十八大以来，习近平总书记坚持把解决好"三农"问题作为全党工作重中之重，带领我们奋发有为，"三农"工作取得了历史性成就。习近平总书记关于"三农"工作的重要论述，立意高远、内涵丰富、思想深刻，是指导"三农"事业发展的不二法宝，并呈现出鲜明的特点。建设什么样的乡村、怎么建设乡村，是近代以来中华民族面对的一个历史性课题。实施乡村振兴战略，是以习近平同志为核心的党中央从党和国家事业全局出发、着眼于实现"两个一百年"奋斗目标、顺应亿万农民对美好生活的向往作出的重大决策。

（一）坚持以习近平总书记关于"三农"工作的重要论述为指引

乡村振兴战略是全面建成社会主义现代化强国和中华民族伟大复兴的一项重大任务。

习近平总书记 2019 年 3 月 8 日在参加十三届全国人大二次会议河南代表团审议时讲话强调，乡村振兴是包括产业振兴、人才振兴、文化振兴、生态振兴、组织振兴的全面振兴，实施乡村振兴战略的总目标是农业农村现代化，总方针是坚持农业农村优先发展，总要求是产业兴旺、生态宜居、乡风文明、治理有效、生活富裕，制度保障是建立健全城乡融合发展体制机制和政策体系。

习近平总书记 2023 年 3 月 5 日在参加十四届全国人大一次会议江苏代表团审议时讲话指出 [1]，农业强国是社会主义现代化强国的根基，推进农业现代化是实现高质量发展的必然要求。

---

[1] 中共中央党校（国家行政学院）. 习近平在参加江苏代表团审议时强调 牢牢把握高质量发展这个首要任务 [EB/OL].https：//www.ccps.gov.cn/xtt/202303/t20230305_156743.shtml.

习近平总书记 2023 年 4 月 10 日至 13 日在广东考察时指出，推进中国式现代化，必须全面推进乡村振兴，解决好城乡区域发展不平衡问题。要坚持走共同富裕道路，加强对后富的帮扶，推进乡风文明，加强乡村环境整治和生态环境保护。

从乡村振兴战略的 5 个大振兴到总目标总方针总要求，从每年全国人民代表大会中参加不同省份代表团审议到每年到不同地区进行考察时的讲话，从乡村振兴战略的提出到党的二十大报告对乡村振兴战略下一阶段的安排部署，习近平总书记对乡村振兴战略，对建设现代化农业强国，对开启实现第二个百年奋斗目标新征程，对全面建设社会主义现代化强国都作出了指示和部署。乡村振兴，既是美丽乡村高质量发展阶段一项重大而紧迫的战略任务，也是持续扎实推进美丽中国建设的有力抓手。在全面建设社会主义现代化国家的新征程中，要全面实施乡村振兴战略，找准新时代"三农"工作着力点，在高质量发展中全面促进农业高质高效、乡村宜居宜业、农民富裕富足，铺展乡村振兴壮美画卷。

（二）重点把握党和国家关于推动乡村全面振兴的战略部署

1. 描绘了乡村振兴道路的宏伟政策蓝图

乡村振兴战略从 2017 年至今，每年都有相关的政策发布，且目标层层递进。

（1）2017 年 10 月中国共产党第十九次全国代表大会首次提出实施"乡村振兴"战略；紧接着，在 2018 年 2 月中央一号文件《中共中央 国务院关于实施乡村振兴战略的意见》中首次提出乡村振兴的要求是"产业兴旺、生态宜居、乡风文明、治理有效、生活富裕"，目标是到 2020 年乡村振兴取得重要进展，到 2035 年乡村振兴取得决定性进展，到 2050 年乡村全面振兴。

（2）2018 年 9 月，我国出台的第一个全面推进乡村振兴战略的五年规划《乡村振兴战略规划（2018—2022 年)》，提出 2020 年全面建成小康社会的根本任务，并给出了乡村振兴战略规划的主要指标。

（3）2019 年中央一号文件《中共中央 国务院关于坚持农业农村优先发展做好"三农"工作的若干意见》，强调在经济下行压力加大时，"三农"工作具有特殊重要性，决战决胜脱贫攻坚。

（4）2020 年进入脱贫攻坚的关键时期，这一年中央一号文件把这一目标作为首要任务，同时还提出要加强农村基础设施建设，提升公共服务水平，即物质条件和服务软实力两者共同提升，达到小康社会要求。

（5）2020 年 12 月《关于实现巩固拓展脱贫攻坚成果同乡村振兴有效衔接的意见》中宣布脱贫攻坚取得全面胜利，并提出五年规划，实现脱贫攻坚与乡村振兴有效衔接，最终实现乡村全面振兴。

（6）2021 年中央一号文件《中共中央 国务院关于全面推进乡村振兴加快农业农村现代化的意见》，目标是农业农村现代化规划启动实施，乡村建设行动全面启动，农村人居环境整治提升，到 2025 年农业农村现代化取得重要进展。

（7）2021 年 4 月《中华人民共和国乡村振兴促进法》表决通过，法律规定各级人民政府将乡村振兴促进工作纳入国民经济和社会发展规划，并建立乡村振兴考核评价制度、工作年度报告制度和监督检查制度，为乡村振兴奠定法律和行政基础，具有里程碑式的意义。

（8）2021 年 12 月 8 日的"'十四五'推进农业农村现代化规划国务院政策例行吹风会"宣布国务院印发《"十四五"推进农业农村现代化规划》（下称《规划》），《规划》提出，通过 5 年的努力，到 2025 年，农业基础更加稳固，乡村振兴战略全面推进，农业农村现代化取得重要进展。力争到 2035 年，乡村全面振兴取得决定性进展，农业农村现代化基本实现。

2. 历年中央一号文件构筑了推动乡村振兴战略的"四梁八柱"

2023 年中央一号文件是进入新世纪以来连续下发的第 20 个指导"三农"工作的中央一号文件（见图 6-1）。

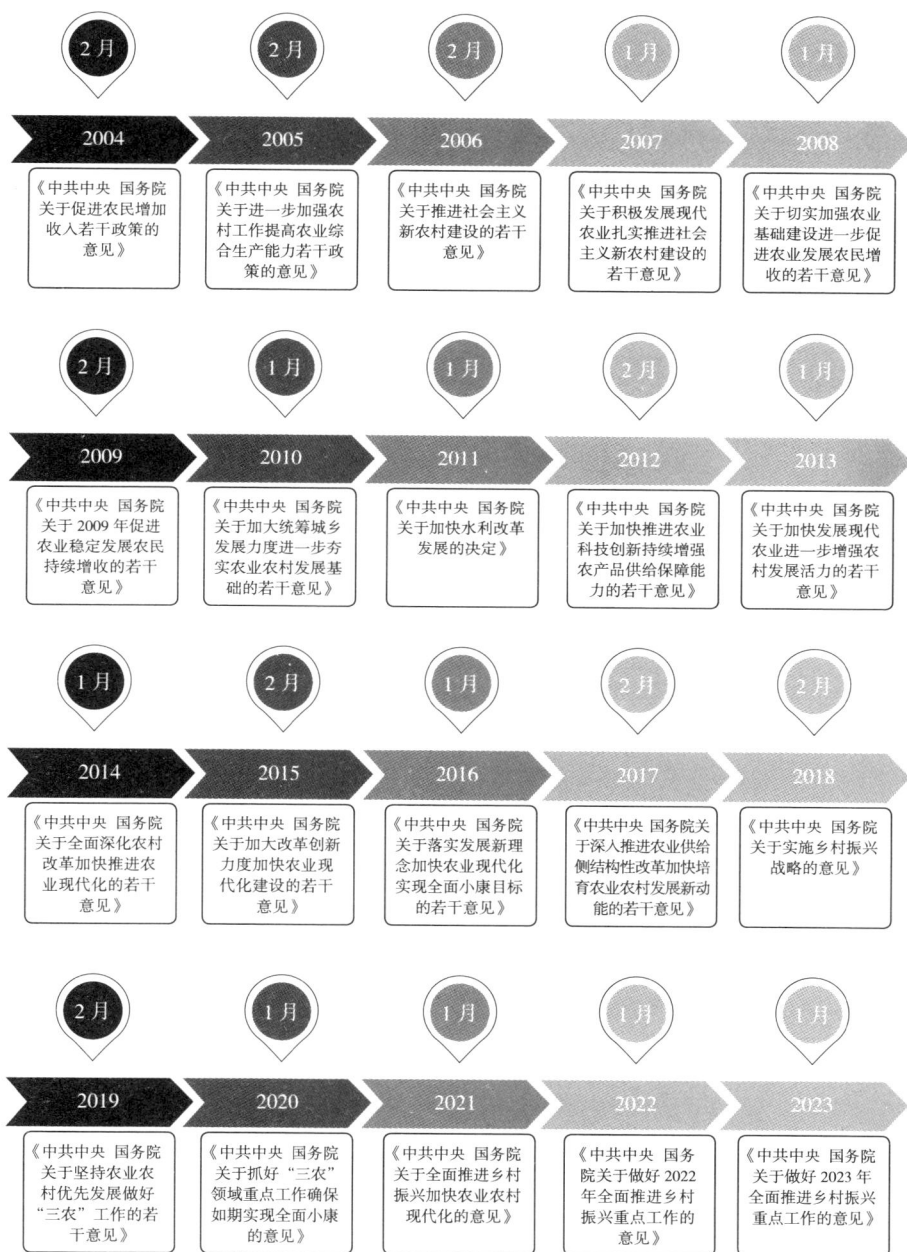

图6-1 2004—2023年中央一号文件一览表

年份	月份	文件名称
2004	2月	《中共中央 国务院关于促进农民增加收入若干政策的意见》
2005	2月	《中共中央 国务院关于进一步加强农村工作提高农业综合生产能力若干政策的意见》
2006	2月	《中共中央 国务院关于推进社会主义新农村建设的若干意见》
2007	1月	《中共中央 国务院关于积极发展现代农业扎实推进社会主义新农村建设的若干意见》
2008	1月	《中共中央 国务院关于切实加强农业基础建设进一步促进农业发展农民增收的若干意见》
2009	2月	《中共中央 国务院关于2009年促进农业稳定发展农民持续增收的若干意见》
2010	1月	《中共中央 国务院关于加大统筹城乡发展力度进一步夯实农业农村发展基础的若干意见》
2011	1月	《中共中央 国务院关于加快水利改革发展的决定》
2012	2月	《中共中央 国务院关于加快推进农业科技创新持续增强农产品供给保障能力的若干意见》
2013	1月	《中共中央 国务院关于加快发展现代农业进一步增强农村发展活力的若干意见》
2014	1月	《中共中央 国务院关于全面深化农村改革加快推进农业现代化的若干意见》
2015	2月	《中共中央 国务院关于加大改革创新力度加快农业现代化建设的若干意见》
2016	1月	《中共中央 国务院关于落实发展新理念加快农业现代化实现全面小康目标的若干意见》
2017	2月	《中共中央 国务院关于深入推进农业供给侧结构性改革加快培育农业农村发展新动能的若干意见》
2018	2月	《中共中央 国务院关于实施乡村振兴战略的意见》
2019	2月	《中共中央 国务院关于坚持农业农村优先发展做好"三农"工作的若干意见》
2020	1月	《中共中央 国务院关于抓好"三农"领域重点工作确保如期实现全面小康的意见》
2021	1月	《中共中央 国务院关于全面推进乡村振兴加快农业农村现代化的意见》
2022	1月	《中共中央 国务院关于做好2022年全面推进乡村振兴重点工作的意见》
2023	1月	《中共中央 国务院关于做好2023年全面推进乡村振兴重点工作的意见》

2004—2023 年，中央一号文件连续 20 年聚焦"三农"，强调"三农"问题在中国社会主义现代化建设中的重中之重地位。每份文件都是针对当时"三农"发展呈现的新问题、新矛盾和新举措而出台的政策文件。每年的文件主题基本都是围绕农民增收、改善民生、建立循环农业等展开的。从历年政策重点来看，一年一个重点，一个问题一个问题解决；既注重农民收入增长，又重视提高农业综合生产能力；既要加强新农村建设和农村基础设施建设，又要建立新型农业经营体系，大力发展现代农业。

党的十八大以来，是我国农业农村发展最快、农民收入快速增长和各种社会保障逐步完善的时期，各地城乡一体化发展取得显著成效。这要得益于我国国民经济的持续快速增长，具备了实施一系列强农、惠农、富农政策的经济实力，同时党中央明确统筹城乡经济社会发展战略，并密集出台和实施一系列强农、惠农、富农政策。城乡融合发展提供乡村产业融合发展的体制基础，"三农"投入稳定增长奠定了产业融合发展的物质条件，城乡融合发展战略的制定与实施，使乡村产业融合通过资源共享、要素流动、资源优化配置而成为可能。2012 年，党的十八大进一步对城乡一体化发展作出制度性安排。党的十八届三中全会通过《中共中央关于全面深化改革若干重大问题的决定》。《决定》对如何健全城乡一体化体制机制作出全面部署。2014—2016 年，连续 3 年聚焦"农业现代化"建设问题，影响和意义深远，也由此反映了党中央高度重视解决"三农"问题的立场和行动。2014 年中央一号文件《关于全面深化农村改革加快农业现代化的若干意见》强调，通过全面深化农村改革，包括农业保护制度、农业可持续发展长效机制、土地制度、金融制度、城乡一体化体制、乡村治理体制改革等，加快推进农业现代化。2015 年中央一号文件《中共中央 国务院关于加大改革创新力度加快农业现代化建设的若干意见》[①]强调，全面深化农村改革，全面推进农村法治建设，推动新型工业化、信息化、城镇化和农业现代化同步发展，努力在提高粮食生产能力上挖掘新潜力，在优化农业结构上开辟新途径，在转变农业发展方式上寻求新突破，在

---

① 中央政府门户网站.《中共中央 国务院关于加大改革创新力度加快农业现代化建设的若干意见》[EB/OL].https：//www.gov.cn/guowuyuan/2015-02/01/content_2813034.htm.

促进农民增收上获得新成效，在建设新农村上迈出新步伐，为经济社会持续健康发展提供有力支撑。2016 年中央一号文件①《中共中央 国务院关于落实发展新理念加快农业现代化 实现全面小康目标的若干意见》，强调落实发展新理念，加快农业现代化，要牢固树立和深入贯彻落实创新、协调、绿色、开放、共享的新发展理念，大力推进农业现代化，必须着力强化物质装备和技术支撑，着力构建现代乡村产业体系、生产体系、经营体系，实施藏粮于地、藏粮于技战略，推动粮经饲统筹、农林牧渔结合、种养加一体以及第一、第二、第三产业融合发展，让农业成为充满希望的朝阳产业。2017 年中央一号文件《中共中央 国务院关于深入推进农业供给侧结构性改革加快培育农业农村发展新功能的若干意见》②，针对我国农业面临的主要矛盾已由总量不足转变为结构性矛盾，且矛盾的主要方面在供给侧的特点，直接聚焦农业供给侧结构性改革，提出要在确保国家粮食安全的基础上，紧紧围绕市场需求变化，以增加农民收入、保障有效供给为主要目标，以提高农业供给质量为主攻方向，以体制改革和机制创新为根本途径，优化乡村产业体系、生产体系、经营体系，提高土地产出率、资源利用率、劳动生产率，促进农业农村发展由过度依赖资源消耗、主要满足量的需求，向追求绿色生态可持续、更加注重满足质的需求转变。

党的十九大作出了要实施乡村振兴战略的重大部署。2018 年中央一号文件《中共中央 国务院关于实施乡村振兴战略的意见》③发布，明确实施乡村振兴战略的目标任务、基本原则。乡村振兴战略的实施更加突出农业农村农民问题是关系国计民生的根本性问题的地位，也彰显了党中央国务院要解决好"三农"问题的决心和信心。2019 年中央一号文件《中共中央 国务院关于坚持农业农村优先发展

---

① 中央政府门户网站.《中共中央 国务院关于落实发展新理念加快农业现代化 实现全面小康目标的若干意见》[EB/OL].https：//www.gov.cn/zhengce/2016–01/27/content_5036698.htm.

② 中央政府门户网站.《中共中央 国务院关于深入推进农业供给侧结构性改革加快培育农业农村发展新功能的若干意见》[EB/OL].https：//www.gov.cn/zhengce/2017–02/05/content_5165626.htm?eqid=cc70ab460001236f000000056465d411.

③ 中央政府门户网站.《中共中央 国务院关于实施乡村振兴战略的意见》[EB/OL].https：//www.gov.cn/zhengce/2018–02/04/content_5263807.htm.

做好"三农"工作的若干意见》①发布，提出要紧紧围绕统筹推进"五位一体"总体布局和协调推进"四个全面"战略布局，牢牢把握稳中求进工作总基调，落实高质量发展要求，坚持农业农村优先发展总方针，以实施乡村振兴战略为总抓手，对标全面建成小康社会"三农"工作必须完成的硬任务，适应国内外复杂形势变化对农村改革发展提出的新要求，抓重点、补短板、强基础，围绕"巩固、增强、提升、畅通"深化农业供给侧结构性改革，坚决打赢脱贫攻坚战，充分发挥农村基层党组织战斗堡垒作用，全面推进乡村振兴，确保顺利完成到 2020 年承诺的农村改革发展目标任务。2020 年中央一号文件《中共中央 国务院关于抓好"三农"领域重点工作确保如期实现全面小康的意见》②仍然聚焦"三农"领域。文件指出，2020 年是全面建成小康社会目标实现之年，是全面打赢脱贫攻坚战收官之年。完成两大目标任务，脱贫攻坚最后堡垒必须攻克，全面小康"三农"领域突出短板必须补上。脱贫攻坚质量怎么样、小康成色如何，很大程度上要看"三农"工作成效。务必深刻认识做好 2020 年"三农"工作的特殊重要性，毫不松懈，持续加力，坚决夺取第一个百年奋斗目标的全面胜利。同时，对抓好"三农"领域重点工作作出 5 个方面的具体要求和部署。2021 年中央一号文件《中共中央 国务院关于全面推进乡村振兴加快农业农村现代化的意见》③，文件聚焦新发展阶段的"三农"工作，将对于全面脱贫攻坚战之后的农村发展制定新的任务和目标。《意见》对于发展不平衡不充分问题、扩大农村需求、畅通城乡经济循环等方面提出规划和远景前瞻。2021 年 3 月 22 日，中共中央、国务院发布《关于实现巩固拓展脱贫攻坚成果同乡村振兴有效衔接的意见》，指出打赢脱贫攻坚战、全面建成小康社会后，要进一步巩固拓展脱贫攻坚成果，接续推动脱贫地区发展和乡村全面振兴。文件指出，未来 15 年将通过 6 大方面共 24 项措施推进脱贫攻坚成果与乡村振兴

---

① 中央政府门户网站.《中共中央 国务院关于坚持农业农村优先发展做好"三农"工作的若干意见》[EB/OL].https：//www.gov.cn/zhengce/2019-02/19/content_5366917.htm.

② 中央政府门户网站.《中共中央 国务院关于抓好"三农"领域重点工作确保如期实现全面小康的意见》[EB/OL].https：//www.gov.cn/zhengce/2020-02/05/content_5474884.htm.

③ 中央政府门户网站.《中共中央 国务院关于全面推进乡村振兴加快农业农村现代化的意见》[EB/OL].https：//www.gov.cn/zhengce/2021-02/21/content_5588098.htm.

有效衔接。文件明确，在脱贫攻坚目标任务完成后，设立 5 年过渡期，做好过渡期内领导体制、工作体系、发展规划、政策举措、考核机制等有效衔接。综合来说，文件中的规划方面主要分为政策规划和产业规划，政策规划中主要指出了乡村振兴未来相关帮扶政策制定的方向和重点，产业规划中主要阐明了乡村振兴中的产业发展规划。2022 年中央一号文件《中共中央 国务院关于做好 2022 年全面推进乡村振兴重点工作的意见》[①]，这个文件在文件标题中明确提出"2022 年"，这与前几个一号文件有了名称上的区别，同时也发出一个很重要的信号，即从 2017 年党的十九大提出乡村振兴战略之后，实施这一重大战略，党中央这些年是一以贯之的，也就是说，乡村振兴是一项长期的任务，需要一年又一年地接续开展。2022 年中央一号文件中突出"稳住农业基本盘"的总基调。要持续推进农村一、二、三产业融合发展和加快城乡融合发展是乡村振兴战略中的重要任务。2023 年中央一号文件《中共中央 国务院关于做好 2023 年全面推进乡村振兴重点工作的意见》出台。这是新世纪以来第 20 个关于"三农"工作主题的中央一号文件，该文件标题与 2022 年相同，这说明 2023 年的工作依然是延续 2022 年的，是在一体谋划和布局的，是乡村振兴这一重要战略的分年度任务落实，是接续 2022 年的工作基础上进一步开展的。党的二十大报告把"全面推进乡村振兴"单独成段，还进一步提出要"加快建设农业强国，扎实推动乡村产业、人才、文化、生态、组织振兴"。2023 年也是贯彻党的二十大精神、加快建设农业强国的起步之年。因此，2023 年的中央一号文件聚焦狠抓落实，突出工作部署指导性、政策举措针对性，既是明确全年工作重点的"任务清单"，也是指导全面推进乡村振兴的"操作手册"。包括 9 个部分 33 条，主要内容可以概括为守底线、促振兴、强保障。守底线就是坚决守牢确保国家粮食安全、防止发生规模性返贫底线；促振兴就是围绕该战略总要求，扎实推进各项重点工作；强保障就是加强组织领导，强调强化政策保障和体制机制创新，加强党对"三农"工作的全面领导。概括起来就是，突出抓紧抓好粮食和重要农产品稳产保供、加强高标准农田建设、深入实施种业振

---

① 中央政府门户网站.《中共中央 国务院关于做好 2022 年全面推进乡村振兴重点工作的意见》[EB/OL].https：//www.gov.cn/zhengce/2022-02/22/content_5675035.htm.

兴行动和推动乡村产业高质量发展"四条主线"。

至此，通过制定促进农民增加收入若干政策、提高农业综合生产能力若干政策，加快水利改革，推进农业科技创新，全面深化农村改革，加快农业主动适应经济发展新常态，用发展新理念破解"三农"新难题，推进农业供给侧结构性改革，打赢脱贫攻坚战，细致勾勒出全面推进乡村振兴战略的"任务清单"，等等。历年的中央一号文件构筑了乡村振兴战略的"四梁八柱"，为全面推动乡村振兴战略、加强"三农"工作提出了制度指导和"操作手册"。

3. "五大模块"明确了推动乡村振兴的战略措施

党的二十大报告中明确提出，要"全面推进乡村振兴"，"坚持农业农村优先发展，坚持城乡融合发展，畅通城乡要素流动"，"扎实推动乡村产业、人才、文化、生态、组织振兴"。这5个方面构成乡村振兴战略体系不可或缺的5个要素，构成乡村振兴战略的"五大模块"。它们是乡村振兴战略的有机组成部分，体现乡村振兴战略的总要求，同时也与经济建设、政治建设、文化建设、社会建设和生态文明建设中国特色社会主义事业"五位一体"总体布局相契合。"五位一体"总体布局是一个有机整体，经济建设是根本，政治建设是保障，文化建设是灵魂，社会建设是条件，生态文明建设是基础，这五者全部融合于我国第二个百年奋斗目标之中，与"五位一体"总体布局相对应的乡村振兴的"五大模块"也是一个有机统一的整体，既是乡村振兴战略的框架内容，也包含实施的具体路径。

（1）乡村产业振兴是推进乡村振兴的根本。习近平总书记指出，"要加快发展乡村产业"，"适应城乡居民消费需求，顺应产业发展规律，立足当地特色资源，拓展乡村多种功能，向广度深度进军，推动乡村产业发展壮大"。推动乡村产业转型发展是把乡村建设得更好的物质基础。随着我国经济由快速增长阶段转向注重高质量发展阶段，由规模发展向效益发展转变，乡村产业发展要适应经济发展方式转变，就要持续推进农业供给侧结构性改革，加快推动农业由以增加产量为导向转向以高质量发展为导向，有效落实产业帮扶政策，充分挖掘乡村产业多元价值。

（2）乡村人才振兴是推进乡村振兴的关键。乡村振兴关键在人才。习近平总书记指出："人才振兴是乡村振兴的基础，要创新乡村人才工作体制机制，充分激发乡村现有人才活力，把更多城市人才引向乡村创新创业。"人才是推动乡村振兴非常宝贵的资源，是引领乡村发展的不竭动力。人才振兴就是要让农村育人才、引人才、用人才、留人才。要建设一批包含"土专家""田秀才"与农业职业经理人等在内的扎根型人才梯队，同时开展新型职业农民培育工程，为农业农村发展厚植人才根基。要对人才敞开大门，释放人才引进政策的活力，把优秀人才回引至农村，高标准高质量配备乡村振兴"领头雁"。要积极推动人才评价机制改革体系，让新型人才大展拳脚、大显身手，为各类人才做好服务，给其提供更好的发展空间。要统筹做好"本土＋外来"人才工作，发挥本土人才在熟悉村情民意、实践指导方面的优势，同时也要发挥高层次高学历人才理论知识、学习能力的作用。要把人力资本开发放在首要位置，在乡村形成人才、土地、资金、产业汇聚的良性循环，乡村振兴，需要一大批新型职业农民。

（3）乡村文化振兴是推进乡村振兴的灵魂。习近平总书记指出，"实施乡村振兴战略要物质文明和精神文明一起抓，特别要注重提升农民精神风貌"，"要推动乡村文化振兴，加强农村思想道德建设和公共文化建设"。文化振兴是推进乡村振兴和乡村发展内生动力的灵魂。文化振兴就是要让农民的精神"富起来"，凝聚人心激发乡村发展活力。当前我国农民家庭收入持续增加，尤其是 2021 年以来，中国打赢脱贫攻坚战后，农村贫困人口快速减少，农业生产条件、生活基础设施和基本社会保障都得到大幅度改善，这一时期的中国农民的生活条件、基本保障比历史上任何时期都好。在此背景下，要探索建设新型乡村文化，构建具有饱满品位特征、具有生动气息的新乡土风情。同时，还要提升农民的文化素养，营造浓厚的文化氛围，为他们提供高质量文化讲座、公益演出等，发挥文化服务中心与文化站的作用，广泛开展农村集体文化活动，在守传统乡土文化的正中创新时代乡村文化的新，比如成立乡村棋牌协会、举办文体比赛，建设图书室，组织健康讲习班和健康大讲堂等。同时，注重加强对文物古迹、建筑群、遗址等物质文化遗产的保护和利用，还要加大对传统技艺、民间习俗等非物质文化遗产及其传承人的保护培养工作。

（4）乡村生态振兴是推进乡村振兴的基石。农村环境整治这个事，不管是发达地区还是欠发达地区都要搞，但标准可以有高有低。生态振兴是乡村振兴"五大模式"的基石，是事关子孙后代的生存大计，是建设社会主义生态强国的重要内容。生态振兴就是在推进乡村振兴战略的过程中，通过清扫垃圾、处理污水，建设完善农村基础设施，提高农村的人居生活质量。积极践行"绿水青山就是金山银山"的理念，并加强生态宣教，牢牢树立生命共同体意识，在做到"百姓富"的同时，还要做到"生态美"，坚持生态优先、绿色发展，保护农村自然生态资源，推动农业生产方式向生态化、绿色化转变，真正成为"望得见山，看得见水，记得住乡愁"的地方。

（5）乡村组织振兴是推进乡村振兴的保障。要加强和改进党对农村基层工作的全面领导，提高农村基层组织建设质量，为乡村全面振兴提供坚强政治和组织保证。组织兴，则乡村兴；组织强，则乡村强。组织振兴是美丽乡村高质量发展的根本保障，关系着乡村振兴战略实施的广度与深度。组织振兴就是要扎实推进组织建设，为乡村振兴凝聚力量。要以党建引领乡村振兴，健全自治、法治、德治相结合的乡村治理体系，让广大党员发挥好模范带头作用，做到党建工作跟着群众走。推动村级组织由管理型向服务型的功能转化，发展新型农村集体经济。

二、五链融合：职业教育服务乡村振兴的实施策略与路径

2022年12月，国务院办公厅出台的《关于深化现代职业教育体系建设改革的意见》强调，持续推进现代职业教育体系建设改革要以深化产教融合为重点，以推动职普融通为关键，以科教融汇为新方向，充分调动各方面积极性。从系统的角度看，职普融通要求教育链与人才链相融合，产教融合要求教育链与产业链相融合，科教融汇要求教育链与创新链相融合。因此，我们必须坚持系统观念，构建专业链、教育链、人才链、产业链、创新链"五链融合"的新机制以及职业教育新生态，更好地实现职业教育服务乡村振兴战略。

（一）专业链匹配产业链：职业教育助推乡村产业振兴

产业兴，则百业兴。从产业来看，当前农村产业由农业、制造业和服务业，即一、二、三产业构成。进入 21 世纪以来，除极少数东部沿海发达地区成功实现乡村工业化并融入沿海城市经济带以外，由于乡村工业面源污染和缺少聚集效益，大多关闭，"工业进园区"成为全国地方政府共识，"村村点火、户户冒烟"的乡村工业成为历史，因此，乡村产业中第二产业就缺少基础。农村产业主要集中在第一、第三产业上。同时，可以通过延长农业产业链的思路，将农业向加工业延伸，通过进行农产品加工来提供更多农民就业和农业获利机会。

中国特色乡村振兴道路要面向新需求、创造新供给、培育新业态、做出新探索。将疏解过剩产能为主的供给侧结构性改革和内需持续释放的有效需求创造紧密结合起来，达到"1+1>2"的效果。没有产业兴旺，乡村振兴将是一句空话。实施乡村振兴战略，首先要顺应亿万农民对美好生活的向往，以产业兴旺为重点，提升农业发展质量，培育乡村发展新动能。习近平总书记在 2022 年中央农村工作会议上指出，"依托农业农村特色资源，向开发农业多种功能、挖掘乡村多元价值要效益，向一、二、三产业融合发展要效益，强龙头、补链条、兴业态、树品牌，推动乡村产业全链条升级，增强市场竞争力和可持续发展能力"。乡村产业振兴必须在"链"字上下功夫，延长产业链、畅通循环链、做强富民链。延长产业链，增加附加值。产业链条短而不全，是乡村产业发展的短板。提高农业产业附加值，要从种植向深加工、电商销售等环节延伸，实现一、二、三产业融合。产教融合中的专业链应对接产业链，形成有效的专业教育供给。

高职教育要更好地服务于乡村振兴战略，就要提高农民的"可行能力"，让农民掌握走出贫困乃至实现农村持续发展的理念和技术。因此，职业院校在设置专业时，专业链要精准对接地区经济发展的产业链和区域产业结构，这需要参与乡村振兴各相关主体的积极参与。

1. 充分发挥各级政府的主导和统筹协调作用

乡村振兴战略作为全面建成小康社会的七大战略之一，各级政府部门在该战略中起主导和协调作用。2018 年 11 月 14 日，中央全面深化改革委员会第五次会议通过《国家职业教育改革实施方案》。11 月 20 日，国务院在 2004 年教育部等七部委建立职业教育工作部际联席会议制度的基础上，下发《国务院职业教育工作部级联席会议制度》。可见，从国家层面已然意识到职业教育行政领导体制机制的问题。各省、市、县等政府部门也需要结合当地实际情况，研究成立职业教育工作联席会议制度，以保障职业教育更好地为当地发展提供智力支持和技术支持。

协同治理理论作为协同学与治理理论的交叉理论，强调治理主体的多元化，在信任与合作的基础上，各主体之间遵循自愿平等与协作，政府作为重要行为体，在集体行动的规则、目标的制定方面起着不可替代的作用。作为乡村振兴战略的主导——政府部门一方面要摸清制约当地农村的关键性要素及其迫切需求，另一方面要发动相关部门研究对策，并组织协调高职院校、企业、农村团体、农民等进行合作，实现资源整合。目前，已有一些省份在探索以"政府主导、各方协作、项目扶持"的方式服务乡村振兴战略。如河南省计划用 3 年时间，遴选 30 个左右"河南省乡村振兴技能人才培养示范基地"和 60 个左右"河南省乡村振兴技能人才培养示范专业点"，充分发挥其示范、引领和带动作用，为乡村振兴和脱贫攻坚提供坚实的技能人才支撑。

2. 高职院校加强专业链与产业链的契合度，精准对接区域产业结构，有效统筹协调城乡职业教育资源

一方面，加大对职业教育尤其是农村职业教育的投入和扶持力度，在办学经费、师资建设、基础设施建设等方面给予政策性的倾斜；另一方面，高职院校、农村职业学校等加入"统筹城乡职业教育 360° 治理模式"中，成立城乡职业教育共同体。在该模式中，高职院校可以发挥自身优势培训农村职业学校师资，形成多层级职业教育培训体系，将更先进的理念和技术输入到农村职业教育中去，为农村（或农业团体）与企业牵线搭桥，建立优质资源流向农村的引导机制。

3. 以服务产业发展为导向，构建专业链动态调整机制

有针对性地设置专业以贴合乡村振兴的需求。高职院校的专业链要与当地的产业链高度契合，才能充分发挥高职教育的作用优势。高职教育中涉农类院校和专业应依托农业产业结构，适应农业对专业人才的需求，构建科学的专业体系，服务和引导农业发展，配置"农"课程，制定贴合当地农民知识水平和技术技能基础的课程体系。在人才培养过程中，加强与当地农业部门的沟通，组织教师和学生开展创新创业项目，为当地农业、农村发展服务；非涉农类高职院校和专业，可针对当地农村、农业需求，设置一些经贸类、技术工程类、旅游类的专业和课程，如农产品营销（电商营销）、农机检修、乡村旅游资源开发等课程。同时，也可借助项目带动，搭建"农"平台，高职院校、教师、学生和当地农民社团共同参与到项目的共同建设中去。

4. 深化产教融合，深入开展校企合作

职业院校要面向区域经济发展的强劲产业进行专业布局，结合地域产业链，整合学校专业资源，逐渐形成服务乡村振兴的专业群。不断通过"向内挖掘潜力、向外发掘资源"的途径，积极整合职业教育优势资源，通过生产性实训基地建设、技能培训基地建设等，加强与地方政府、行业协会、知名企业进行深度合作，构建服务乡村振兴共同体。

5. 专业链匹配产业链，最大限度发挥作用

专业链匹配产业链是立足于农村经济发展的产业结构对职业教育资源的需求，借助企业集群、专业集群以及职业教育集团的优势，实施职业教育社会服务的新型模式，最大限度地发挥职业教育面向社会和服务乡村振兴战略的功能，有效提升职业教育的适应性。

（二）教育链赋能人才链：为乡村振兴提供人才支撑

人才是乡村振兴的关键要素。因此，要把人才振兴放在乡村振兴的关键位置，坚持"本土＋外来"人才引进和培养模式，提升人才质量和服务水平，强化乡村人才支撑。2023 年中央一号文件提出，要加强乡村人才队伍建设，大力发展面向乡村振兴的职业教育，深化产教融合和校企合作。

1. 职业教育服务乡村振兴的现状和问题

乡村振兴产业发展对职业涉农人才的需求，对我国职业教育服务乡村振兴产业人才培养提出了挑战。通过学理分析和现实考察，长期存在职业教育层次化惯习、"离农"倾向、培训方式传统、产教融合不深等不足，严重制约职业教育满足乡村振兴产业人才需求的能力。主要表现在：

一是职业教育层次刻板印象依旧根深蒂固。职业教育伴随经济社会结构变迁历程而发展和演变，尤其自工业革命兴起和发展以来，职业教育在培养技术工人、助力工商业发展等方面展现出重要价值。然而，我国职业教育长期作为一种低于本科层次高等教育的存在，职业教育本该是传承技术技能、培养应用型人才、促进就业创业的重要途径，在当下的学历焦虑和竞争压力下却长期被认为是"失败者的教育"。尽管近年来国家密集出台多项政策扶持职业教育，也涌现出一批优秀的职业人才，但人们对职业教育的刻板印象仍然根深蒂固，严重阻碍了职业教育的发展。想要真正让职业教育挺起胸膛，打破偏见刻不容缓。而且，随着国家对于职业教育培养农业产业实用性人才的期许，以及农业产业人才学历需求的提升化趋势，一方面激发了职业教育助力农业产业发展的内生动力，另一方面也制约了职业教育回应国家服务农业产业发展的功能空间。近年来，虽然我国将职业教育类型化发展作为教育改革的重要战略，为职业教育服务我国农业产业发展带来广阔空间，但也面临着诸多阻碍。从服务农业产业来看，职业教育类型化虽然解决了农业产业实用性人才的学历门槛问题，但层次化惯习长期以来形成的结构化规则，不易发生符合本科层次职业教育人才培养场域的新惯习，表现为办学理念转变困难、人才培养定位不清、内涵建设支撑不足、配套政策出台滞后、关键要素基础薄弱、评价体系构建缺失等。以上种种困境延伸到职业教育服务农业产业场域，则表现为未在职业本科层面探索出一条与产业链深度融合的人才培养路径，仍然遵循学科建制的人才培养逻辑，使人才培养过程与产业发展逻辑的区隔越发变大，弱化了与农业产业的联系。另外，在服务农业产业实用性人才的培养上，则表现出学习动力、学习能力、学习毅力、学习转化力等方面的不足，使得职业教育人才培养水平与农业产业发展需求存在差距。

二是职业教育"离农"倾向阻碍了人才联合培养进程。中共中央、国务院印发的《关于做好 2023 年全面推进乡村振兴重点工作的意见》明确要求，大力发展面向乡村振兴的职业教育，深化产教融合和校企合作。但真正做好"面向乡村振兴的职业教育"，仍有很长的路要走。职业教育长期呈现"离农"的发展趋势，因投入大量的专用性资产导致其开展农业产业服务面临高昂的转换成本。而短时间难以撕去职业教育负面社会标签和不受社会期待的农业产业就业的双重挑战，导致我国涉农职业院校办学进程相对艰难，总体办学质量不高，并且在资源投入、课程建设、师资配备、教材开发等方面相对不足。种种不足导致职业教育与农业经营主体开展人才联合培养面临诸多的困难。更加重要的是，因职业教育开展农业产业实用性人才培养质量不高，就业吸引力相对缺乏，反过来引致职业院校涉农专业招生困难，降低了职业院校开展涉农人才培养的意愿，从而形成职业教育开展农业产业实用性人才培养的困局。

三是走马观花式培训方式传统阻碍了职业教育在职培训效能。不管是联结主义学习理论，还是认知主义学习理论，都强调个体学习成效不仅仅是简单的"刺激—反应"过程，个体的特性起关键作用并影响整个认知进程和成效。换言之，农业经营主体的在职培训需求必须考虑培训对象的个人诉求、地域特性、学习时间等情况。从调研来看，农业技术服务、加工服务、营销策划等类型人才的在职培训需求旺盛。营销策划类人才主要面临工作时间和学习时间方面的冲突，因而需要提供灵活、系统、有效的在职培训方式。而农业生产技术服务、加工服务等人才的培养则面临更加复杂的状况。由于农业生产技术服务和加工服务更加贴近农业生产环节，而我国广阔的乡村地域特性和分散的农业生产分布状况，要求涉农人才在职培训必须在满足学习时间灵活性的同时，还要实现对分散地域特性的超越，进而有效降低培训成本。

2. 职业教育赋能乡村人才振兴的策略与途径

（1）扎实构建专业对接产业、课程对接岗位、教学过程对接生产过程的课程体系。乡村振兴向纵深推进，乡村产业的领域、途径、模式进入全新发展阶段、衍生出更多人才需求，职业院校需着眼全产业链布局学科专业，全方位为乡村振兴提供专业人才支撑；应主动研究区域经济特点和产业构成，积极优化专业设置，提升专业服务产业能力；赴农村一、二、三产业第一线开展科研与实训，指导学生从实践操作中学习专业，服务产业实际；与企业或产业园区共建产教融合园区、共编职业教材，通过打造产教融合示范基地、开放共享企业实习实训设施等，实现课程教材、教学模式、培养方式等各层面、全过程创新，形成既有专业理论支撑又有丰富科研实训实操训练的人才。

（2）深入推进产教融合的开门办学理念。"跨界"是技术技能人才成长的典型特征，职业院校更应该将"开门办学"置于重要位置。推进职教院校、企业建立全方位、多层次的深度联系。产教融合不仅是产业与教育、企业与学校的融合，也是职业院校社会服务功能与国家乡村振兴战略的融合。这就需要各级政府部门加强顶层设计，发挥职业院校和行业企业的服务能力，汇聚政校行企合力。职业院校要主动对接企业，将专业链与企业岗位链精准对接，全面拓展产教融合的广度与深度，努力形成政府、企业、职业院校等多元参与的服务乡村振兴共同体。职业院校与行业企业及农村集体经济实体建立广泛联系，持续探索"1+N"的多元协同育人新模式，邀请更多能工巧匠进校园或带领学生走进乡村，与他们面对面交流。

（3）高效发挥职业教育的类型优势。克服对职业教育的偏见，发挥职教类型优势，让职教学生"有学头、有盼头、有奔头"，在全社会弘扬劳动光荣、技能宝贵、创造伟大的时代风尚，推动农业三产融合，因地制宜培育农村新产业新业态，为乡村振兴培育"下得去、留得住、干得好"的乡村振兴建设大军。

（三）延长乡村文化链：为乡村振兴重塑文化元素

文化振兴是推进乡村振兴和乡村发展内生动力的灵魂。乡村文化振兴，就是要扎深文化之"根"，铸牢文化之"魂"，坚定乡村文化自信。乡村振兴，既要塑形，也要铸魂，在乡村文化振兴过程中，要基于乡村现实、村民需要紧跟时代潮流，构建具有直观有效特点的文化形式来推进乡村文化。2021年4月，《中华人民共和国乡村振兴促进法》正式颁布实施，指出要统筹推进农村经济建设、政治建设、文化建设、社会建设、生态文明建设和党的建设，并提出要有计划地建设特色鲜明、优势突出的农业文化展示区、文化产业特色村落，发展乡村特色文化体育产业，推动乡村地区传统工艺振兴，活跃繁荣农村文化市场。

职业教育的天然职能就是服务区域经济社会发展，发挥自身优势和潜能，开发基于职业岗位能力需求的人才培养方案和课程体系，通过培养培训新型农民、农民工、返乡创业人员等群体，通过理实结合、训育结合、校企合作、产教融合的人才培养模式，加强教育链与产业链、创意链的精准对接，构建"1+N"多种商业模式跨界融合发展，助力乡村文化振兴。

1. 挖掘乡村文化底蕴，融入课程建设和人才培养全过程，发挥职业院校文化传承的功能

我国历史悠久，中华文明孕育了丰富多彩的文化。广大乡村分布着大量的文物古迹、民族村寨、灌溉工程遗产以及自然风光、田园景观等，这些都是看得见的物质文化；另外，我国乡村丰富多彩的民族节庆、传统民俗、戏曲曲艺等非物质文化资源也十分丰富，这些看得见的物质文化和时代传承的非物质文化资源构成我国乡村厚实的文化底蕴。职业院校作为高等教育承担着文化传承和创新的功能，一方面利用专业优势培养文化人才，另一方面通过开展合作等方式将学校专业与当地农村传统文化相结合，传承和创新文化载体。因此，职业院校要面向乡村和学生开展文化教育，展示各具特色的地域文化、民族文化、民间文化，通过这些"俗"文化、"土"文化的形式来承载和传播其蕴含的优秀思想观念、道德规范，推动乡村文化的建设。将职业院校、艺术机构等联合起来，结合当地物质文化和非物质文化资源，依托专业优势和特长，把优秀的物质文化遗产和非物质文化遗产吸纳进课程教学、专业建设和人才培养中。融入课程建设，逐步将乡土文化融入具体的素质教育中，开设专门的乡村文化课程，促进乡村文化教育体系逐步形成，促使优质的乡村文化逐步保留下来、普及开来，逐步促进乡村文化的振兴发展。

在传承文化的同时，职业院校还可以联合文化事业机构共同打造品牌文化，因地制宜，立足乡村实际，汲取城市文明及其他文化优秀成果，不断赋予乡村文化新的时代内涵、丰富表现形式，与推动乡村旅游高质量发展紧密结合起来，指导农村集体经济有效整合闲置宅基地、空置房产、山林农田等资源，盘活乡村存量资产，充分挖掘乡村多元价值，连片规划引入社会资本，因地制宜发展乡村休闲、生态旅游、绿色康养、文化创意等兴业富民多元业态。

2. 培育乡村文化人才，全方位对接乡村文化产业，发挥职业院校人才培养的功能

职业院校一方面要激发优秀传统乡村文化活力，培育乡村发展新动能；另一方面，职业院校联合普通高等学校、职业学校、研究机构、文化企业等构建文化培训共同体，通过开展培训和联合展演等形式，提升学生和当地农民、文化产业从业人员等的综合素养和爱美审美创造美的能力。职业院校要发挥专业优势，联合研究机构和文化企业等开展对接帮扶，挖掘当地优秀传统文化元素，结合物质遗产和非物质遗产，创设有特色的乡村文化产业，打造乡村文化品牌，持续培育乡村文化产业人才。要统筹做好"本土＋外来"人才工作，探索建立"在地驻村"与"云驻村"相结合的工作机制，采取"扶智"和"扶志"相结合的方式，营造良好环境，为乡村文化振兴贡献力量。

3. 发展乡村文化产业，全链条融合一、二、三产业，发挥职业院校服务社会的功能

各地文化资源特色不同，以文化为本位突出地方特色和产业特点，是乡村文化振兴的最高境界。它是当地世代相传生产生活的一种样式，是具有当地特色的哲学文化导向。每一个地域的历史文化印迹和人们的生产生活样态都表现在地域文化的特色中，这不仅是一个地区的文化特色，还是一个国家和民族乃至世界的文化和精神的体现，即"民族的就是世界的"。费孝通先生将文化的传承和发扬概括为"文化自觉"，同时还提出"各美其美，美人之美，美美与共，天下大同"。这也是我们开展文化传承并将其发扬光大的根本遵循。

职业院校通过职教社会服务、文化下乡，拓展公共活动空间，丰富乡村公共文化服务。通过协同治理，一要丰富乡村日常文化生活，活跃日常文化空间，助力乡村文化振兴提质增效、行稳致远。二要传承乡土文化中的优秀文化和传统技艺，创新传统工艺模式，推动乡村优秀传统文化创造性转化、创新性发展，实现文化资源向文化品牌的跨越。三要塑造能工巧匠、大国工匠，施展精进新型职业农民技艺，培育引领乡村文化振兴的新型职业农民，以生生不息的工匠精神和高素质农村职教人才培养为乡村文化振兴增添活力。

（四）充实生态链：职业教育服务乡村生态振兴

良好生态环境是农村的最大优势和宝贵财富，是推进乡村振兴的基础。当前正在进行一场新的农业革命，这场革命融合中国传统农业发展模式与现代新技术、新能源，实施低碳、环保、可持续发展。习近平总书记"绿水青山就是金山银山"的"两山理论"就是在这个大背景下提出的。有机农业、乡村旅游、乡村手工业、新能源产业等都是新兴产业。以绿水青山为底色、生态宜居为本色，是乡村"生态美"的体现。

1. 乡村生态振兴的内涵

乡村生态振兴是一项系统工程，既涉及农村山水林田湖草等自然生态系统的保护和修复，也涉及农业生产方式和农民生活方式等人居环境，其中，农业绿色发展和农村人居环境的治理是至关重要的内容。乡村生态振兴的内涵主要体现在三个方面：

一是发展绿色农业。绿色农业是指利用生态物质循环、农业生物学技术、营养物综合管理技术、轮耕技术等将农业生产和环境保护协调起来，在促进农业发展、增加农户收入的同时保护环境、提供绿色农产品。绿色农业及其产品具有生态性、优质性和安全性等特征。

二是改善农村人居环境。农村人居环境以建设美丽宜居村庄为导向，以农村垃圾处理、污水治理和村容村貌提升为重点，旨在加快补齐乡村人居环境领域短板，并建立健全可持续的长效管护机制。

三是保护和修复农村生态系统。增强生态产品供给能力，相较于城市，乡村健康清洁的空气、原生态的农产品，低成本、低消费、低碳的生活模式，为"农村美"实现生产、生活、生态的和谐统一奠定了物质基础。

2. 乡村生态振兴的问题、思路及举措

（1）乡村生态振兴面临的主要问题

随着工业化、城镇化的推进，特别是在过去单纯追求 GDP 高增长观念的影响下，农村环境和生态问题日益突出。乡村生态振兴面临以下几方面的问题：

一是农业面源污染严重，畜禽养殖污染、农作物秸秆焚烧等问题突出。长期以来，我国农业生产方式较为粗放，传统农业生产往往以产量增加为导向，农产品尤其是粮食增产高度依赖化肥、农药、除草剂等化学品和地膜的大量投入，对农产品质量和环境安全造成严重威胁。同时，农业循环经济在农村尚未普遍落地，畜禽养殖污染物肆意排放，对水源造成严重破坏；农作物秸秆焚烧也带来明显的大气环境污染。

二是工业污染"上山下乡"对农村生态环境造成破坏。改革开放以来，尤其是各地开始大力发展乡镇企业之后，没有处理好乡村经济发展与环境保护的关系，乡镇企业在带动乡村经济快速增长和人口加快集聚的同时，由于污水处理设施建设滞后，非农产业尤其是低端工业的超标排污给乡村生态环境带来了污染甚至是危害。近年来，由于监管不严，也存在城市污染产业向乡村转移的"污染下乡"现象。

三是农村人居环境较差。农村日常生活垃圾收运处置系统不健全，农村垃圾山、垃圾围村、垃圾围坝等现象较为普遍，生活污染问题日益突出。同时，"脏、乱、差"问题在一些农村地区比较突出，为追逐短期利益的毁林开荒、围湖造田等破坏绿水青山的现象也依然存在。

（2）乡村生态振兴的基本思路

党的二十大报告中提出，要"统筹乡村基础设施和公共服务布局，建设宜居宜业和美乡村"。因此，要以美丽中国建设为目标导向，牢固树立和践行"绿水青山就是金山银山"理念，结合农村生态环境突出问题，以加快转变农业生产和农村生活方式为重点，推动形成投入品减量化、生产清洁化、废弃物资源化、产业模式生态化的绿色农业生产方式，推动形成以农村垃圾、污水治理和村容村貌提升为导向的整洁优美生活环境，建成生态宜居、人与自然和谐共生的美丽乡村。

3. 职业教育赋能乡村生态振兴的措施与思路

职业教育要秉持"以农为根""以生为本"的价值追求，在构建绿色育人理念、搭建绿色育人体系、完善绿色生产生活方式等方面助力农村经济转型，发展特色农村经济，构建可持续、循环发展的乡村价值链，全力助推新时代美丽乡村建设。

一要传播现代化、机械化、规模化的绿色农业发展理念，将优良的乡风乡训、传统的民风民俗和农村匠人精神等文化因素融入其中，实现产业发展与绿色发展的有机统一。

二要推进职教精准契合乡村生态发展需要，用现代生物科技、信息科技提升学科建设水平，培育乡村生态宜居建设新型农人，大力推动智慧农业、生态修复、农村电子商务等新兴专业发展。

三要构建新型政校企村交流合作机制，促进教育、人才、服务、信息等方面有效集成，形成推进乡村振兴的空间格局、产业结构、生产方式、生活方式，还乡村以文明、富饶、和谐、宜居而成为安居乐业的美丽家园。

（五）重构组织链：职业教育服务乡村组织振兴

党的二十大报告中明确提出，"坚持大抓基层的鲜明导向，抓党建促乡村振兴"。一方面，加快推进乡村治理现代化是构建良好秩序、实现乡村振兴的必由之路；另一方面，实施乡村振兴战略也为乡村治理现代化提供了非常重要的契机。一直以来，从中央到地方，有关乡村治理现代化的探索始终未停止，特别是党的十九届四中全会审议通过的《中共中央关于坚持和完善中国特色社会主义制度推进国家治理体系和治理能力现代化若干重大问题的决定》，对提升乡村治理进行了规划，明确了发展方向。

1. 乡村治理的界定与内涵

"治理"一词在《说文解字》中记载："治，水，出东莱曲城阳丘山，南入海。"后来引申出"治水""整治"的意思，逐渐有了秩序的含义，如"天下大治"。认为国家不能治理，必然混乱无序。司马迁之父司马谈在《论六家要旨》中说："夫阴阳、儒、墨、名、法、道德，此务为治者也。""理"原意是玉石内部的纹路，引申为顺着事物内含的道理做事，如《吕氏春秋·劝学》："圣人之所在，则天下理焉。""治理"两字合起来，还是"统治、秩序""整治调理"的意思，如《荀子·君道》："明分职，序事业，材技官能，莫不治理，则公道达而私门塞矣，公义明而私事息矣。"《汉书·赵广汉传》中的"壹切治理，威名远闻"，《孔子家语·贤君》"吾欲使官府治理，为之奈何"，清王士禛《池北偶谈·谈异六·风异》"帝王克勤天戒，凡有垂象，皆关治理"。治理理论的另一位领军人物罗茨（Rhodes）认为，治理理论源于20世纪后半叶发达国家的政府管理改革，其突破了单一的政府管理，强调市场及各种组织在公共领域的作用。按治理应用领域不同，可分为公司治理和公共治理，组织振兴主要关注后者，即现代职业教育服务乡村振兴战略的公共治理之道。20世纪80年代伊始，治理理论逐步在西方学术界兴起和发展，成为公共政策领域改革的主导性理念。治理理论的产生和发展是基于对传统政府主导的公共政策行政模式的反思，强调厘清政府、市场和社会三者的边界，通过三者协同促进公共福祉的改善。经过几十年的探索和积淀，治理理论已经形成一套内容丰富、体系相对完善、适用广泛的理论。从不同的学术视角出发，研究者关于何谓"治理"形成了若干具有代表性的观点，其中，联合国全球治理委员会1995年在《我们的全球伙伴关系》中所作的界定被广为接受："治理即公私机构管理其共同事务的诸多方式的总和。政府、市场与社会参与的多元共治模式是一种制度创新。多元共治建立在多元主体的基础上，以开放、多层次的共治系统为执行模式，以对话、协商、合作和集体行动为共治机制，以共同利益为最终成果目标。"

乡村治理，是国家构建治理现代化体系的重要组成要素；乡村现代化，是国家全面现代化的内在构成。处于全面现代化进程之中的乡村社会，同样处在历史性变迁和结构性转变之中。乡村社会及其治理，在取得历史性进步的同时，也面临着诸多结构性矛盾和问题，亟须通过不断深化体制性改革，加以整体性和协调性应对、解决。

党的十八大以来，在城乡一体化协调发展的原则指导下，在"工业反哺农业、城市反哺农村"的推进中，乡村社会和乡村治理更是进入一个快速发展和品质提升的新时期。中国古老的农业文明主体形态，正转型为城市文明主体形态。已有一半以上的中国人生活在城市，虽然其深度融入城市生活还有各种各样的羁绊和限制，但是中国发展的势头不可阻挡，城乡一体化进程以及乡村振兴战略的目标已经深深地烙进中国式现代化的宏伟蓝图之中。

在此历史性结构变革时期，中国乡村社会和乡村治理面临一系列结构性问题。农民工外出打工，乡村建设性主体严重外流，导致乡村社会"主体空心化"，与乡村青壮年外流的同时，乡村资金、技术也一起涌入城市，乡村社会日益显现被"抽空之势"。农业生产成为乡村老人、妇女的主业，农业生产的合作化和高效化提升在所难免。同时，随着乡村人口的缩减和融入城市，乡村土地"抛荒"和宅基地"闲置"大量呈现，乡村萎缩和村庄衰败日益严重，"谁的乡村""谁来建设乡村"成为必须回答的发展中问题。而城乡"二元隔离"的制度性约束，使农民承包的土地和宅基地并不能"随身携带"，化为农民融入城市生活的"进城资本"，农村土地制度改革势在必行。处于城乡夹缝中的众多农民工，成为"城市留不住、乡村待不下"的"流动大军"，给城乡基层社会治理带来极大的秩序和稳定问题。同时，随着城市产业结构的升级转型、经济下行压力的持续蔓延，不断有大量农民工返回家乡，在农业生产收益根本不足以"养活"如此多农业人口的情况下，振兴乡村产业、提升乡村产业效益，也是乡村振兴中必须面对的基础性工程。因此，党的二十大报告明确提出要"坚持城乡融合发展"，这是乡村振兴的根本途径，要"畅通城乡要素流动"，这是打破城乡二元结构的重要手段，也是实现乡村振兴的重要条件。

2. 乡村组织振兴的内涵

组织振兴是推进乡村振兴的保障。习近平总书记强调："推动乡村组织振兴，建立健全现代乡村社会治理体制，确保乡村社会充满活力、安定有序。"因此，扎实推动乡村组织振兴，既是全面推进乡村振兴的重要组成部分，也是乡村振兴的组织体系保障，为乡村振兴凝聚力量。进一步加强和改善党对"三农"工作的领导，加快完善乡村治理机制，为乡村振兴提供强大的组织保障。基层组织是我国乡村治理的基础单元，是各级政府推动实施乡村振兴战略的根基所在。从内涵及特征看，乡村组织振兴主要体现在以下几个方面：

一是基层党组织建设。组织振兴就是要扎实推进组织建设，是打通实现乡村振兴战略"最后一公里"的关键因素。要以党建引领乡村振兴，为乡村振兴凝聚力量，让广大党员发挥好模范带头作用。

二是完善乡村自治组织。健全自治、法治、德治相结合的乡村治理体系，实行民主选举、民主决策、民主管理、民主监督，村民委员会每届任期 5 年。村民委员会通过组织村民会议、村民代表会议等讨论决定涉及村民利益的诸多事项。村民委员会实行村务公开制度，接受村民的监督。同时，村务监督委员会或者其他形式的村务监督机构负责村务决策和公开、村级财产管理、村工程项目建设、惠农政策措施落实、农村精神文明建设等制度的落实。此外，要善于与时俱进，引入智能化、数字化手段，提升现代化治理水平。

三是成立农村集体经济组织。党的二十大报告指出，"中国式现代化是全体人民共同富裕的现代化"，"巩固和完善农村基本经营制度，发展新型农村集体经济"。农村集体经济组织源于农业合作化运动，是由农民自愿联合组成的农业生产经营经济组织。这一形式是在新中国成立初期，国家为加快农村经济发展而采取的措施。新时代农村集体经济的内涵和实现形式随着时代的发展也发生了相应的变化。尤其是城市化进程加速，越来越多的农村劳动力进城务工，不再种地，其田地承包给了农村中的其他农业经营者。承包土地的农户为取得更多的经济利益，需要集中承包更多的土地，投入更多的生产工具，鉴于这些农户个人的力量有限，因此，成立农村集体经济组织就迫在眉睫。农村集体经济组织要做到以下三点：首先在农村集体经济的发展路径上要充分发挥基层党组织的组织领导作用，因地制宜建立健全农村集体经济组织制度；其次要遴选经营管理能力强的人领导农村集体经济组织，参照企业管理经验，探索实行职业经理人制度，提升农村集体经济发展水平；最后要遵循各项法律法规，实现农村集体经济发展规范平稳。

3. 乡村治理中存在的问题

当前，农村基层组织的基础工作存在不少薄弱环节，乡村治理体系和治理能力亟待强化。

一是农村"空心化"致使乡村治理主体虚化。随着我国城镇化水平的提高，城市的工作机会、生活资料、基础设施的健全吸引越来越多的农民涌入城市。与之形成鲜明对比的是，农村留下大量的老人、妇女、小孩，甚至有些农村的孩子被送往教学质量更为优质的县城上学，出现"空心村"现象。由于农村留守人口的减少，部分农村"组织空"现象明显。有些农村的党支部委员会组织力不够强，对村民们的领导力和凝聚力不够，党组织本身的服务意识和服务能力存在一定差距，党组织带领农民创新式发展的内生动力不强。由于中青年农村进城务工者较多，留下的村委会党员年龄偏大，"老龄化"现象突出，创新性和开拓性不够强，对现代科技、农业经济、市场经验等方面的知识储备不足，无法发挥领头人作用。

二是村民自治组织管理水平普遍不高。一些村干部民主意识薄弱，干部群众沟通渠道不畅，部分群众对村务工作不知晓、不理解、不支持。个别村干部仍然存在"家长制"作风，凭人情关系办理村务，涉及群众切身利益的事项，村务管理执行不透明，过程结果不公开，缺乏有力有效地监督。同时，村级小微权力清单制度尚未建立，惠农补贴、土地征收等重点领域侵害农民利益的不正之风和基层腐败问题时有发生。

三是村级集体经济发展滞后。由于经济发展基础较弱，组织缺位、人才缺失、产业空虚、治理不善、政策乏力等问题集中出现在村级集体经济中。尤其在中西部地区，多数村级集体经济组织尚未建立，发展主体缺位，成员权力虚置，"谁来发展"问题亟待破解；农村集体资源资产开发利用不充分，结合本地特点对接产业的思路和路径不明晰，"怎么发展"的问题突出；农村集体经济的产业着力点和发展方向不明晰，发展内生动力比较弱，"发展什么"问题亟待解决。

四是乡村发展普遍陷入"内卷化"困境。"内卷化"这一概念起初源于人类学，后被广泛运用到社会学、政治学、经济学等领域。早期被人类学家戈登威用以描述当某种文化模式达到一定的最终形态后，既无法稳定下来，也无法转变为新的形态，而只是在内部变得更加复杂。

4. 职业教育嵌入乡村组织振兴的思路与措施

组织强，则乡村强；组织弱，则乡村弱。乡村组织振兴直接决定着乡村振兴战略的顺利推进与预期成效。要健全村党组织领导的村级组织体系，把农村基层党组织建设成为有效实现党的领导的坚强战斗堡垒。所谓组织振兴，就是有健全的基层党组织等，有带领乡村农民因地制宜开展创造性和创新性劳动的基层党组织带头人，有实现德治、法治和自治的治理制度。嵌入性理论是新经济社会学研究普遍联系的一个核心理论，嵌入性是当代中国乡村组织发展的根本性特征，职业院校可以把教育链延伸到乡村治理体系中，激发乡村治理活力，助力乡村治理多元主体相互作用，相互容纳与整合，形成耦合效应，达到共生共荣。职业教育具有培育优秀社会治理人才、传播政治意识、倡导主流政治价值观、培育现代公民、促进民主化等政治功能，发挥重要的人才支撑与智力支持作用，是繁荣乡村与发展治理水平的主渠道。

（1）构建"党建+"模式，培养乡村组织振兴"领头雁"，打造坚强的农村基层党组织。培养优秀农村基层党组织书记，把党管农村工作的要求落到实处，支持村党支部探索"党建＋产业、党建＋服务"等，发挥其对脱贫攻坚和乡村振兴的核心引领作用，引导其落地以人民为中心的为民服务发展理念。加强组织建设，遴选优秀党员做引领型的基层党支部书记。农村基层党组织是党和国家关于农村路线方针政策的坚定贯彻者和直接执行者，是打通乡村振兴建设"最后一公里"的践行者。基层党组织书记是基层党组织的"领头雁"，其工作水平和领导管理能力是直接关系乡村振兴全局工作成败的关键因素。因此，除了选配群众基础好、有创新性思维、干劲足的优秀党员担任基层党组织书记外，还要加强基层党组织书记培训。同时也要对两委班子成员、新型职业农民等进行技术技能培训，赴其他乡村经济发展先进的地方进行参观学习。一方面，提升基层党组织班子的发展理念，拓宽发展思路，为当地寻找更好的发展路径，形成具有当地特色的一、二、三产业；另一方面，提升基层党组织班子的管理服务水平和带领农民开展轰轰烈烈的乡村振兴行动实践。通过打造坚强的农村基层党组织，其政治引领力和组织发展力得到进一步提升，宣传贯彻党和国家关于农村、农民、农业的路线方针政策，更好发挥先锋模范作用。

（2）以德治汇聚向上向善合力。党的二十大报告指出，实施公民道德建设工程，弘扬中华传统美德，加强家庭家教家风建设，加强和改进未成年人思想道德建设，推动明大德、守公德、严私德，提高人民道德水准和文明素养。相较于经济发展，农村的精神文明建设更为重要，是农村文化软实力的一种隐性表现形式。第一，要大力弘扬社会主义核心价值观，形成向善崇德的道德价值准则；第二，要积极弘扬中华优秀传统美德，形成孝老敬亲、助人为乐、和睦相邻的乡村美德新风尚；第三，以德治移风易俗，摒弃铺张浪费的奢靡之风和消费攀比之风，开展健康向上的文体活动，提升正向积极的乡村新生活品位；第四，开展宣传教育活动，强化道德教化作用，引导农民传承优秀传统文化，孝老爱亲、重义守信、勤俭持家。

（3）加强乡村法治教育，提升农民的法治观念与自治素养。职业院校可组织法治宣传志愿者服务队，通过开展民主法治类专题宣传教育，普及农民的法治观念、法律常识，提升居民参与社区治理的意识与能力，逐渐形成多主体参与治理的浓厚氛围。培育群众型共同体，推动"三治合一"的治理体系建设。可联合基层党组织和社区开展丰富多彩的法治文化活动，引导农民自觉参与行政村、社区教育治理，以教育治理引领治理健全，最终形成德治、法治、自治"三治合一"的乡村治理体系。

（4）服务农民富裕民生目标。实现农民高质量就业，服务青年创新创业，拓宽农民多元增收渠道成为实现农民富裕的根本路径。一是完善就业服务体系，助力农村劳动力转移脱贫致富。农村与城镇成校开展联合办学，整合优质资源，搭建公共就业服务培训平台。二是繁荣创新创业教育，提升农民持续性经营收入能力。针对农村大学生、农村种植户、返乡农民工等农村经济中的"积极分子"，农村继续教育可整合政府、企业、行业、高校等多方资源，开展直播等创业培训，提升农民收入。三是服务乡村特色产业，拓展农民多元化致富增收渠道。农村成人教育要充分发挥有效服务乡村特色产业发展的功能，通过整合资源，搭建宣传推广、咨询服务、资源对接、项目合作等平台，为智能制造、大健康养生、休闲渔业等地方特色产业发展提供精神动力与智力支持，助力拓展农民致富增收的渠道。

　　党的二十大报告指出，"中国式现代化，是中国共产党领导的社会主义现代化，既有各国现代化的共同特征，更有基于自己国情的中国特色"，"要全面推进乡村振兴，坚持农业农村优先发展，加快建设农业强国"。职业教育作为与国民经济紧密联系的教育类型，培养的技术技能型人才已源源不断地走向乡村，成为服务乡村振兴战略的主力军。聚焦城乡发展不平衡不充分问题和农民急难愁盼问题，深化职教供给侧改革，主动对接产业链需求。新修订的《中华人民共和国职业教育法》强调，要支持举办面向农村的职业教育，组织开展农业技能培训、返乡创业就业培训和职业技能培训，培养高素质乡村振兴人才。职业教育可以在乡村振兴的多个领域发挥作用，把职业教育摆在更加突出的位置，建设具有河南特色的纵向贯通、横向融通的现代职教体系，通过提质培优，完善自身形态结构，提升职业教育在乡村振兴中的作用。

第七章
政策建议：产教融合背景下
职业教育服务乡村振兴战略的建议

一、中国式现代化中的乡村振兴战略

（一）中国式现代化的历史脉络

第一阶段，从新中国成立到社会主义建设展开。1964 年 12 月，周恩来在第三届全国人民代表大会上所作的政府工作报告中，首次提出实现"四个现代化"的目标，即现代工业、现代农业、现代国防、现代科学技术。此后，我们党团结带领人民发展工业、农业、科技等，构建比较完整的国民经济体系。

第二阶段，从改革开放到社会主义市场经济体制形成。改革开放和社会主义建设时期，我们党团结带领人民解放思想、锐意进取，开创、坚持、捍卫、发展中国特色社会主义，在马克思主义的指导下，解放思想，自我改革，实现经济体制由计划经济向社会主义市场经济体制转变的历史性变革。1979 年，邓小平创造性地提出"中国式的现代化"，并用"小康"一词来形象表述中国式的现代化。1987 年，党的十三大提出"三步走"战略。1997 年，党的十五大第一次提出"两个一百年"的奋斗目标。2002 年，党的十六大明确第一个百年奋斗目标为"全面建设惠及十几亿人口的更高水平的小康社会"。2007 年，党的十七大进一步明确实现全面建成小康社会奋斗目标的新要求。全面建成小康社会成为第一个百年奋斗目标，举国上下为了这一目标，在中国共产党的带领下，团结奋斗，实现人民生活总体小康的历史性成就。

第三阶段，全面进入中国式现代化建设时期。党的十八大以来，以习近平同志为核心的党中央勇立时代潮头，提出一系列推进中国特色社会主义现代化发展的创新理论，引领中国式现代化迈向新征程。习近平总书记在党的二十大报告中总结了自党的十八大以来，我们经历了对党和人民事业具有重大现实意义和深远历史意义的三件大事，发出向第二个百年奋斗目标进军的伟大号召。

（二）乡村振兴战略的前世今生

习近平总书记在 2017 年 12 月召开的中央农村工作会议上的讲话指出，"新中国成立前，一些有识之士开展了乡村建设运动，比较有代表性的有梁漱溟先生搞的山东邹平试验，晏阳初先生搞的河北定县试验"。乡村建设运动是 20 世纪上半期（1901 年到 1949 年间）在中国农村许多地方开展的一场声势浩大的、由知识精英倡导的乡村改良实践探索活动。它旨在维护现存社会制度和秩序的前提下，通过兴办教育、改良农业、流通金融、提倡合作、办理地方自治与自卫、建立公共卫生保健制度和移风易俗等措施，复兴日趋衰弱的农村经济，刷新中国政治，复兴中国文化，实现所谓的"民族再造"或"民族自救"。

改革开放以来，中国共产党开始新形势下的新农村建设。从土地承包入手，解决建设社会主义新农村的制度基础；加强农村党组织建设，夯实建设社会主义新农村的组织基础；加强农村基层民主建设，丰富和完善建设社会主义新农村的发展目标；加强社会主义精神文明建设，构建建设社会主义新农村的文化基础；实行多予少取放活政策减轻农民负担，拓宽建设社会主义新农村的群众基础。这一时期的新农村建设措施推动了农村经济社会发展。但是，由于城乡二元体制的限制，新农村建设困难重重。为此，以胡锦涛为总书记的中央领导集体提出科学发展观和发动新一轮富有时代内涵的新农村建设。

纵观中国式现代化的"大历史"，从乡村建设运动到社会主义新农村建设，再到乡村振兴战略，这三者之间呈现出螺旋式上升的特点。从这三者演进逻辑可以看出，乡村的发展始终与中国式现代化进程紧密相关。叶敬中（2018）对乡村振兴战略的历史因循、总体布局及实现路径进行了梳理，他提出，在中国近百年的乡土重建探索中，无论是乡村建设运动、社会主义新农村建设抑或乡村振兴战略，始终离不开对"发展"议题的关注。乡村建设运动关注的是"乡村如何实现发展"的问题；社会主义新农村建设回答的是"乡村如何更快发展"的问题；而乡村振兴战略则强调"乡村如何更好发展"的问题。

纵向来看，在这三次螺旋式上升的农村建设中，不能绕过的一项重要改革就是农村联产承包责任制。这一改革在乡村建设运动和新农村建设两个阶段间起的是承上启下的作用。因此，也可以理解是4次螺旋上升的阶段，即乡村建设运动、农村联产承包责任制、新农村建设和乡村振兴战略。这四者可以分别从侧重于乡村建设的不同方面来理解，即分别回答了"乡村发展的内涵是什么""乡村发展新模式是什么""怎样促进乡村发展""乡村如何实现更好发展"。这四者的逻辑进路实现了从无到有，到追求发展速度再到注重发展高质量，从而达到从"快"到"好"的转化，实现从量的扩张到质的提升的转化，标志着我国对农民命运和乡村前途认识的又一次深化。因此，高质量发展是全面建设社会主义现代化国家的首要任务，是全面推进乡村振兴战略的首要任务，也是未来我国实现中国式现代化的制胜法宝。

1. 乡村建设运动：乡村发展内涵的明确

叶敬中提到，在20世纪前半叶，西方现代化的冲击引发中国社会结构全面震荡，乡村表现出政治失序、经济破产以及文化失调的整体性颓败。这一时期，以晏阳初、梁漱溟等为代表的知识分子推动乡村建设运动开始在各地兴起。

这一时期乡村建设运动回答的是"乡村发展的内涵是什么"的问题。这里的"乡村发展"更多具有"社会转型""文化发展"的意味。梁漱溟先生认为，当时中国主要的问题是文化失调，要救中国就必须救农村，而救农村的根本办法是解决农村文化失调与破产的问题。晏阳初先生也认为，中国农村问题表现为"愚、贫、弱、私"四大病症，而"愚"是其他三种病的根源。因此，拯救乡村文化、提升农民的文化素养成为这一时期知识分子的现实关怀。

乡村建设运动的核心是"人"的建设，而改造"人心"是"人"的建设的原点。晏阳初大规模实施平民教育，目的是再造具有"知识力、生产力、强健力和团结力的新民"。陶行知在南方筹办乡村师范，为乡村教育培养教师，更快更多地提升乡村人才的文化水平。梁漱溟则在晏阳初、陶行知的基础上开展"乡村建设实验"，并出版《乡村建设理论》一书，认为中国的前途与发展的趋势"必走乡村建设之路者，即谓必走振兴农业以引发工业之路，换言之，即必从复兴农村入手"。因此，他建设各种组织，成立生产合作社为农民增收。

但是，由于这一时期的乡村建设运动是依附于国民政府的，只能寄托于渐进式改良的道路推行实验，而不能实现全盘的社会改造；知识分子则未触动农民根本的利益，知识分子"动"而农民"不动"，乡村建设运动在很大程度上脱离了社会基础。费孝通的乡村现代性方案也因抗日战争以及国共内战而失去试验的时间和空间，未能实现从理论到实践的成功转换。这一历史任务由中国共产党彻底翻转底层社会而完成。中国共产党认为，中国的根本问题在于土地，而土地问题的完全解决"有待于中国现代广大的农工阶级，依革命的力量以为之完成"。

中国共产党成立之后，先后开展土地革命、减租减息等方式改变土地所有制，使农民"耕者有其田"，通过出台《井冈山土地法》《兴国土地法》《中华苏维埃共和国土地法》等，在实践中不断调整完善土地改革政策，让农民成为土地的主人，充分调动广大农民群众革命和生产的积极性，从而为新民主主义革命的胜利奠定坚实的群众基础和物质基础。

2. 家庭联产承包责任制：乡村发展新模式

中华人民共和国成立后，先后开展土地改革和农业集体化运动，最后建立了人民公社。但是人民公社没有正视当时农村的生产力水平，而是开展了"共产风"，生产上不贴合农村的实际情况，混淆了社会主义和共产主义的标准，严重阻滞了农村的发展。随之而来的问题是，应采取什么模式推动乡村发展呢？因此，人民公社最终被1979年后开展的农村经济体制改革而实行的家庭联产承包责任制所取代。人民公社宣告退出历史舞台。这次农村经济管理体制的改革是发生在1978年安徽省小岗村将土地借给农民耕种，并且不向农民征收统购粮的事件。此后，安徽的做法得到周边省份的效仿。从 1979 年 1 月起，《人民日报》陆续报道这些省份的情况和经验，肯定这是我国农村改革的实验。针对这一问题，邓小平同志明确表示中央的态度。1980 年 5 月他在会见几内亚总统杜尔时说，"最近一二年来，我们强调因地制宜，在农村加强了生产组与家庭的生产责任制，取得明显效果，生产成倍增加"。不久以后，他在同中央负责工作人员谈话时再次指出，"农村政策放宽后，一些适宜搞包产到户的地方搞了包产到户，效果很好，变化很快"，并明确指出这种做法不会影响集体经济的发展。紧接着，1980 年 9 月 27 日，中共中央印发《关于进一步加强和完善农业生产责任制的几个问题》，首次将包产到户与资本主义的概念进行了明确，对包产到户的社会主义性质进行肯定。并且在第二年召开的农村工作会议中充分肯定了由农民自发实施包产到户到全国建立家庭联产承包责任制这一伟大历史实践，再次证明人民是历史的创造者这一伟大论断。

1982 年 1 月 1 日，改革开放以来第一个关于"三农"问题的中央一号文件《全国农村工作会议纪要》正式出台，明确指出包括包产到户、包干到户在内的各种责任制都是社会主义集体经济的生产责任制，反映了亿万农民要求按照中国农村的实际状况来发展社会主义农业的强烈愿望。

随后，1983 年中央第二个关于"三农"问题一号文件《当前农村政策的若干问题》，1984 年中央第三个关于"三农"问题一号文件《关于 1984 年农村工作的通知》，1985 年中央第四个关于"三农"问题一号文件《关于进一步活跃农村经济的十项政策》和 1986 年出台中央第五个关于"三农"问题一号文件《关于 1986 年农村工作的部署》，由此可见，党的十一届三中全会之后，从 1982 年到 1986 年连续 5 年间，中央连续出台 5 个关于"三农"问题的一号文件。这一系列的文件政策，贯穿着我国对"三农"问题从政策上支持家庭联产承包责任制，从理论上肯定家庭联产承包责任制，到深化家庭联产承包责任制，抓好农村产品、取消农副产品的统购派购制度，再到适应市场需求进行生产的农村经济体制改革的历史演进逻辑。

1991 年，党的十三届八中全会通过《关于进一步加强农业和农村工作的决定》；1993 年 11 月，中央出台《关于当前农业和农村经济发展的若干政策措施》；同月，党的十四届三中全会通过《关于建立社会主义市场经济体制若干问题的决定》；1994 年 3 月，国家制订《国家八七扶贫攻坚计划（1994—2000 年）》；1998 年 10 月，党的十五届三中全会通过《关于农业和农村工作若干重大问题的决定》。这一系列文件政策，从确定我国乡村集体经济制度，到延长农民耕地承包期限，到制订扶贫攻坚计划，再到建立社会主义市场经济体制等事关我国经济体制领域的重要基础性、制度性问题，为建设社会主义新农村的提出奠定了物质基础和政策基础。

家庭联产承包责任制是从实践中发展出来的，在中国具体的实际中凝练出来又上升到国家政策，继而进行推广，实现从实践到理论再到实践的伟大飞跃，回答了"乡村在中国实际中建立何种模式"才能促进农村经济发展的问题。

3. 社会主义新农村建设：乡村实现更快发展

2005 年，党的十六届五中全会明确建设社会主义新农村的重大战略任务，要按照生产发展、生活宽裕、乡风文明、村容整洁、管理民主的要求，扎实稳步地加以推进，吹响了中国农村第三次改革的号角。

自 2004 年至 2008 年，党中央又连续 5 年下发关于"三农"问题的一号文件。2004 年中央一号文件《中共中央 国务院关于促进农民增加收入若干政策的意见》，2005 年中央一号文件《中共中央 国务院关于进一步加强农村工作提高农业综合生产能力若干政策的意见》，2006 年中央一号文件《中共中央 国务院关于推进社会主义新农村建设的若干意见》，2007 年中央一号文件《中共中央 国务院关于积极发展现代农业扎实推进社会主义新农村建设的若干意见》，2008 年中央一号文件《中共中央 国务院关于切实加强农业基础建设进一步促进农业发展农民增收的若干意见》，从增加农民收入、提高农业综合生产能力，到实行工业反哺农业、城市支持农村，再到发展现代农业，建立农村最低生活保障制度，加强农业基础建设，推进户籍制度改革等一系列解决"三农"问题的政策和措施。尤其是自 2006 年 1 月 1 日起废止《中华人民共和国农业税条例》，让农民彻底告别了延续两千多年的"皇粮国税"。

在新的发展水平和发展环境下，农业和农村发展已与城市经济、国民经济的发展紧密交织在一起——这样，一个是城乡统筹协调发展，打破二元体制，加快城乡一体化进程；另一个是农村内部体制的改革和制度的建设，成为社会主义新农村建设不可缺少的重要目标，也是进一步探索中国特色农业现代化道路的重要途径。

社会主义新农村建设是在人民日益增长的物质文化需要同落后的社会生产之间的矛盾这个社会主义初级阶段的主要矛盾下，党中央国务院部署的重大历史任务，其建设按照生产发展、生活宽裕、乡风文明、村容整洁、管理民主的要求，从五个维度加快农村经济社会发展，通过加快农村生产关系的变革和提高农村生产力的方式，实现农村的各项发展。社会主义新农村建设是在统一的国家政策驱动下改造农村社会结构的系统方案，是在由国家主导的"发展"战略已经成为制度正当性和意识形态合法性条件下产生的历史任务。因此，社会主义新农村建设回答的是"乡村如何更快发展"的问题。社会主义新农村建设中涵盖的五个维度也为后面乡村振兴战略的提出奠定了实践基础和政策基础。

4. 乡村振兴战略：乡村实现更好发展

2017年，习近平总书记在党的十九大报告中提出，"中国特色社会主义进入新时代，我国社会主要矛盾已经转化为人民日益增长的美好生活需要和不平衡不充分的发展之间的矛盾"。在此背景下，提出实施乡村振兴战略，将其放置在与科教兴国战略、人才强国战略、创新驱动发展战略、区域协同发展战略、可持续发展战略和军民融合发展战略相并列的七大战略之一。因此，"乡村振兴战略"是在对我国社会主要矛盾以及发展状况进行科学研判的基础上提出的。我国经济发展取得巨大成就，当前的主要任务从单纯追求发展速度转变为解决发展不平衡、不充分及发展质量不高的问题，从追求规模发展向追求高质量发展转变。党中央、国务院在2018年一号文件中强调，"我国发展不平衡不充分问题在乡村最为突出，主要表现在：农产品阶段性供过于求和供给不足并存，农业供给质量亟待提高；农民适应生产力发展和市场竞争的能力不足，新型职业农民队伍建设亟须加强；农村基础设施和民生领域欠账较多，农村环境和生态问题比较突出，乡村发展整体水平亟待提升；国家支农体系相对薄弱，农村金融改革任务繁重，城乡之间要素合理流动机制亟待健全；农村基层党建存在薄弱环节，乡村治理体系和治理能力亟待强化"。梳理来看，发展不平衡主要表现为农产品供给、资源分配、基础设施等方面发展不平衡，发展不充分主要表现在国家支农体系相对薄弱、农村基层党建、乡村治理能力不够，发展质量不高问题表现在农村环境和生态问题突出等方面。因此，乡村振兴战略提出"产业兴旺、生态宜居、乡风文明、治理有效、生活富裕"的总要求，是在社会主义新农村建设"生产发展、生活宽裕、乡风文明、村容整洁、管理民主"五大维度基础上提出来的，是全新升级版。

因此，乡村振兴战略的实施既是当前解决主要矛盾的必然产物，也是突破不平衡和不充分发展困局的关键出路。乡村振兴战略是以乡村为主体的发展战略，其目标是在保持乡村独立性和差异化的基础上实现城乡融合，以此消解发展的不平衡性和不充分性。如果说社会主义新农村建设的目标是解决"乡村如何更快发展"，那么，作为新时代下对社会主义新农村建设历史任务的延续和新发展理念的内化，乡村振兴战略试图回答的是"乡村如何更好发展"的现实命题。

历史证明，建设农业强国，实现农业现代化的途径没有标准答案，也不是只有一个选项。放眼全球，各国国情的不同，历史条件的差异决定了实现农业现代化的道路都有各自的特殊性，构成了多样化的发展道路。中国式现代化开创了不同于西方资本主义现代化的全新路径，打破了"现代化＝西方化"的迷思，为现代化尤其是农村现代化的实现提供了中国智慧和中国方案，为人类文明新形态添加了中国色彩。

二、新时代职业教育在脱贫攻坚与乡村振兴相衔接战略新作为的建议

我国在全面脱贫攻坚阶段，习近平总书记在走遍中国绝大多数贫困地区后，提出"扶贫先扶志""扶贫必扶智""精准扶贫"等扶贫方略，他强调："弱鸟可望

先飞，至贫可能先富，但能否实现'先飞''先富'，首先要看我们头脑里有无这种意识，贫困地区完全可能依靠自身努力、政策、长处、优势在特定领域'先飞'，以弥补贫困带来的劣势。如果扶贫不扶志，扶贫的目的就难以达到，即使一度脱贫，也可能会再度返贫。""扶贫必扶智。让贫困地区的孩子们接受良好教育，是扶贫开发的重要任务，也是阻断贫困代际传递的重要途径。"2015年6月，习近平总书记在贵州就加大推进扶贫开发工作全面阐述了"精准扶贫"概念，用发展的办法消除贫困根源，提出"六个精准"，即"扶贫对象精准、项目安排精准、资金使用精准、措施到户精准、因村派人精准、脱贫成效精准"。

2021年2月25日，全国脱贫攻坚总结表彰大会隆重举行。习近平总书记在大会上庄严宣告："经过全党全国各族人民共同努力，在迎来中国共产党成立一百周年的重要时刻，我国脱贫攻坚战取得了全面胜利，现行标准下9899万农村贫困人口全部脱贫，832个贫困县全部摘帽，12.8万个贫困村全部出列，区域性整体贫困得到解决，完成了消除绝对贫困的艰巨任务，创造了又一个彪炳史册的人间奇迹！"

从此以后，我国"三农"工作进入巩固拓展脱贫攻坚成果同乡村振兴有效衔接的新阶段。

纵观乡村振兴战略的沿革历程，党的十九大提出实施乡村振兴战略，并写入党章。我国举全党全社会之力全面推进乡村振兴，农业农村现代化阔步前行。党的二十大对农业农村工作进行总体部署，首次提出加快建设农业强国。习近平总书记强调，"进入实现第二个百年奋斗目标新征程，'三农'工作重心已历史性转向全面推进乡村振兴"；"全面推进乡村振兴的深度、广度、难度都不亚于脱贫攻坚，决不能有任何喘口气、歇歇脚的想法，要在新起点上接续奋斗，推动全体人民共同富裕取得更为明显的实质性进展"。

想要解决贫困问题，首先要解决能力贫困问题。新经济增长理论视角下，职业教育的职能就是要培养农民的"可行能力"，在脱贫攻坚阶段主要是靠扶志和扶智，在脱贫攻坚与乡村振兴衔接阶段，职业教育就是要挖掘农民的"内生动力"，使其具备建设现代化农村的现代理念和先进技术，成为建设美丽乡村的主力军，增强农村的吸引力，让更多有志于乡村振兴的人乐于回归，奉献自己的光热，让农村更加宜居，吸引更多的人前来加入建设大军，如此往复，形成良性循环。阿马蒂亚·森提出的能力贫困理论认为，贫困的形成虽然与贫困者个人的收入低下紧密相关，收入低下是结果，而收入低下背后有更深层次的原因，这与贫困者个人的能力有直接关系。因此，贫困者个人"可行能力的不足"是造成贫困的深层次原因。因此，强调"输血"重要，"造血"更重要，"扶志""扶智"比"扶贫"更重要。

朱德全提出乡村振兴的路径有两条基本脉络，一是外源性发展（Exogenous development）模式。该模式是建立在新古典经济增长理论基础之上，以追求经济增长为主要目标，乡村的发展诉求于外部条件的注入，具体指向城市中心的资本、技术和劳动力流动到乡村腹地，依靠政府政策引导和大中型企业的支撑。基于此，有学者提出构建"城乡融合系统"，调整国民经济分配格局与开放吸纳农村外部资源、健全社会资本下乡制度、构建乡村人才回流机制等。二是内源性发展（Endogenous development）模式。也称为内生式发展模式，起源于经济学，与外源性发展相对应，强调经济体主要动力源来自内源要素，从而推动经济自我演化的一种内生逻辑的发展方式，即以"本土"为核心，经济增长依赖于本土资源、本土制度、本土目标、本土主体等能动性构建。如探究"服务乡村振兴的五种人才"培养路径、培育中坚农民与新型职业农民、转向乡村振兴的发展型治理、确保乡村本土对自身"发展选项的决定权、发展进程的控制权、发展利益的享有权"。

职业教育要在乡村振兴战略中有所作为，既能够通过自身承载的职能即人才培养、社会服务、科学研究等，对乡村经济发展主体进行技术赋能与人力资源培养，达到激发乡村内生性发展力量的目的；还能够通过其独有的类型教育特色，使政府等通过政策保障，行业、企业等开展资金投入、设施建设、产业规划等，实现对乡村发展的外部合力支持的目的。朱德全（2022）提出，实施"'三维两面'的职业教育服务乡村经济新内源性发展模式"。"三维"指向乡村的产业经济结构、经济伦理结构与生态经济结构，分别对应实体性基线、精神性基线与规范性基线；"两面"意指激发乡村经济发展内生性力量与构建外部支持系统的两股动力源，作用靶点均为提升乡村经济发展活力，通过"分权赋能"促进乡村产业经济结构优化、乡村经济伦理转化、乡村生态经济绿化。

（一）进一步加强职业院校内涵建设

从贫困理论可以看出，职业教育要做的就是培养农民的"可行能力"，使其具备建设现代化农村的现代理念和先进技术，成为建设美丽乡村的主力军，增强农村的吸引力，让更多有志于乡村振兴的人乐于回归，奉献自己的光热，让农村更加宜居，吸引更多的人前来加入建设大军，如此往复，形成良性循环。

1. 统筹协调城乡职业教育资源

统筹协调城乡职业教育资源、中西部职业学校对口支援，各职业院校尤其是西部地区和农村职业教育学校是最大最直接的受益者。

第一，政府部门加大对职业教育，尤其是农村职业教育的投入和扶持力度，在办学经费、师资建设、基础设施建设等方面给予政策性的倾斜。早在 2011 年，中共中央、国务院《中国农村扶贫开发纲要（2011—2020 年）》就提出："免除中等职业教育学校家庭经济困难学生和涉农专业学生学费，继续落实国家助学金政策。"2012 年，财政部、国家发展改革委、教育部、人力资源和社会保障部联合印发《关于扩大中等职业教育免学费政策范围进一步完善国家助学金制度的意见》，扩大免学费的群体，调整助学金的群体，体现对农村学生、涉农专业学生和家庭经济困难学生的关爱。为了引导和支持农村贫困家庭新成长劳动力接受职业教育，加大对农村贫困家庭新成长劳动力接受职业教育政策扶持力度，确保实现精准扶贫目标要求，2015 年，国务院扶贫办、教育部、人力资源和社会保障部出台《关于加强雨露计划支持农村贫困家庭新成长劳动力接受职业教育的意见》，帮扶农村贫困家庭子女，提高他们初、高中毕业后接受中、高等职业教育的比例，实现"一人长期就业，全家稳定脱贫"的目标。2017 年，中共十九大报告还专门指出："完善职业教育和培训体系，深化产教融合、校企合作。健全学生资助制度，使绝大多数城乡新增劳动力接受高中阶段教育、更多接受高等教育。"2017 年国务院印发《国家教育事业发展"十三五"规划》提出，要加大职业教育脱贫力度，启动实施职教圆梦行动计划和中等职业教育协作计划，确保贫困家庭子女掌握一门实用技能，提升贫困家庭自我发展的"造血"能力。针对"强化教育对口支援，加强东部职教集团和国家职业教育改革示范校对口帮扶集中连片特困地区职业学校"这一举措，主要集中在 2016—2018 年国办、教育部等牵头多部委的教育事业发展的综合性文件、专项发展文件和专门的文件中。2016 年，国务院办公厅印发的《关于加快中西部教育发展指导意见》中明确提到，要通过改善中等职业学校办学条件，提升职业院校基础能力和改革人才培养模式的方式，大力发展西部职业教育。2016 年，在中央确定的东西部扶贫协作框架下，教育部和国务院扶贫办联合印发《职业教育东西协作行动计划（2016—2020 年）》，提出启动实施东西部职业院校全面协作、招生协作和劳务协作三大行动。2017 年，国务院印发《国家教育事业发展"十三五"规划》是针对整个教育体系的综合性文件，文件提出要加快发展现代职业教育，"在人口集中和产业发展需要的贫困地区建好一批中等职业学校，重点支持贫困地区建设好符合当地经济社会发展需要的中等职业学校"。"支持东中西部地区职业学校加强对口合作，通过联合办学、委托管理、集团化办学等形式，提升专业建设、课程开发、学校管理水平。"在此基础上，2017 年，教育部办公厅在《职业教育东西协作行动计划滇西实施方案（2017—2020 年）》中计划搭建上海、天津、江苏、浙江和东部 10 个职教集团对口帮扶滇西 10 州市职业教育发展的平台。通过招生兜底、职业教育基础能力提升、新增劳动力东部就业、推进滇西职业教育国际交流和加快构建滇西职业体系等措施，完善滇西职业教育东西协作内容、模式和机制。通过发布专项文件，部署职业教育东西协作工作。2017 年，国务院办公厅印发的《关于深化产教融合的若干意见》中提出："面向脱贫攻坚主战场，积极推进贫困地区学生到城市优质职业学校就学。加强东部对口西部、城市支援农村职业教育扶贫。"2018 年 2 月，教育部会同国家发展改革委、工业和信息化部、财政部、人力资源和社会保障部、国家税务总局出台的《职业学校校企合作促进办法》中提出："鼓励东部地区的职业学校、企业与中西部地区的职业学校、企业开展跨区校企合作，带动贫困地区、民族地区和革命老区职业教育的发展。"

据教育部统计数据显示，2020 年，职业教育在服务区域发展上，实施职业教育东西协作行动计划，累计投入帮扶资金设备超过 18 亿元。在服务脱贫攻坚上，职业院校 70% 以上的学生都来自农村，有千万家庭通过职业教育实现拥有第一代大学生的梦想。

第二，党的二十大报告在加快构建新发展格局、着力推动高质量发展中，提出要"巩固拓展脱贫攻坚成果，增强脱贫地区和脱贫群众内生发展动力"。2022 年 12 月，中共中央办公厅国务院办公厅印发《关于深化现代职业教育体系建设改革的意见》，这是党的二十大刚刚结束，党中央、国务院下发的部署职业教育改革工作的首个重要纲领性文件。党中央、国务院对职业教育重视程度之高前所未有，职业教育在整个教育体系中的分量之重前所未有，以一体化推进教育、科技和人才三大强国建设的宏阔视野，深化现代职业教育体系建设改革的任务之艰巨也前所未有，对职业教育的战略定位越来越突出、实践要求越来越明确、规律认识越来越深入。《关于深化现代职业教育体系建设改革的意见》提出，要由国家主导推动、地方创新实施，探索省域现代职业教育体系建设新模式，全面推进乡村振兴。

因此，建议各职业院校、农村职业学校等成立城乡职业教育共同体。在该模式中，职业院校积极响应政府号召，承担社会培训的功能，发挥自身优势培训农村职业学校教师，将其更先进的理念和技术输入到农村职业教育中去，为农村（或农业团体）和与职业院校有良好合作关系的企业牵线搭桥，建立优质资源流向农村的引导渠道。

第三，建议主管部门设置专项研究项目，由职业院校和农村职业学校共同申报，立项建设成果由两者共同受益，以激发二者的合作动力。2021 年 5 月，国家发展改革委、教育部和人力资源社会保障部三部委联合下发《"十四五"时期教育强国推进工程实施方案》，接续开展教育强国战略，支持职业教育巩固教育脱贫攻坚成果，接续开展乡村振兴战略。《"十四五"时期教育强国推进工程实施方案》提出，要"实施教育强国推进工程，促进各级各类教育协调发展"，包括巩固基础教育脱贫成果、职业教育产教融合、高等教育内涵发展等三部分建设内容，"支持欠发达地区特别是'三区三州'等原深度贫困地区巩固教育脱贫攻坚成果"，"中等职业院校优先支持中西部欠发达地区","集中支持一批优质职业院校、应用型本科高校建设一批高水平、专业化产教融合实训基地"。这些都是从国家层面部署建立城乡职业院校共同体,加强职业教育均衡发展的政策文本。

第四,充分发挥各级政府协同治理主导作用。李汉卿(2014)认为,协同治理理论作为协同学与治理理论的交叉理论,强调治理主体的多元化,在信任与合作的基础上,各主体之间遵循自愿平等的原则,相互协作。作为乡村振兴战略的主导——政府部门一方面要摸清制约当地农村的关键性要素及其迫切需求;另一方面要发动相关部门研究对策,并组织协调职业院校、农村职业学校、企业、农村团体、农民等进行合作,实现资源整合。目前,国家和某些省份已经探索建立了"政府主导、各方协作、项目扶持"的方式服务乡村振兴战略,通过建设"乡村振兴技能人才培养示范基地"和"乡村振兴技能人才培养示范专业点"的方式,充分发挥其示范、引领和带动作用,为乡村振兴和脱贫攻坚提供坚实的技能人才支撑。实施乡村振兴战略,各级政府应起主导作用。国家层面已经出台很多政策文件,也成立了专门的领导机构,建立部级联席会制度。各级政府也需要结合当地实际情况,研究成立职业教育工作联席会议制度,以保障职业教育更好地为当地发展提供智力支持和技术支持。

职业教育助推乡村振兴需要政府加强顶层设计,进行系统规划,夯实职业教育地位。打破政府各职能部门之间的行政与政策壁垒,增强政府各部门、各制度间的系统性与协同性,实现政策、资金、项目的有效衔接与融合,避免资源内耗与稀释。有学者建议建立管理机制、运行机制和职业教育经费长效投入机制,设立职业教育发展基金,缓解资金困难。

2. 针对区域经济特点,合理设置专业

职业院校的专业设置要紧密对接区域产业需求,满足区域经济产业结构转型升级要求。目前,普遍存在职业院校之间专业设置"同构化"严重、专业结构与区域产业对接"错位"严重、学校专业特色不够突出等问题。职业教育专业结构优化调整是一项系统工程,需要政府、职业院校、行业企业协同,从发挥政府宏观调控作用、激发行业企业参与专业建设积极性、提升职业教育服务经济发展水平等方面着手，构建职业教育专业结构服务区域产业转型升级的良好生态。

职业院校的专业设置要增强服务当地需求的适应性。职业院校中有涉农类职业院校和非涉农类职业院校，非涉农类职业院校又分为涉农类专业和非涉农类专业。具体而言，涉农类院校及其专业应对接当地农业产业特色，适应当地农业对专业人才的需求，构建适应性强、对口率高的专业体系，服务和引导当地农业发展，就要配置适当的"农"课程。非涉农类职业院校和专业，可针对当地农村、农业需求，设置一些经贸类、技术工程类、旅游类的专业和课程，如农产品营销（电商营销）、物流管理、农机检修、乡村旅游资源开发等课程。同时也可借助项目建设带动，搭建"农"平台，职业院校、教师、学生和当地农民社团共同参与到项目的建设中去。

在现代职业教育人才培养模式方面，职业教育的课程体系要契合乡村发展对各级各类人才的要求，按照职业群、产业链来设计专业课程；通过组建"校—企—村"合作的育人主体，开发"项目—创新—创业"联动的育人载体，搭建"线下服务＋线上引导"混合的育人网络，创新农村职业教育服务供给模式。

（二）鼓励企业积极发挥重要主体作用

"产教融合"是国家对职业教育发展的方向性指导。党的二十大报告中提出，要"推进职普融通、产教融合、科教融汇，优化职业教育类型定位"。在 2022 年12 月由中办国办印发的《关于深化现代职业教育体系建设改革的意见》中，也强调要打造"市域产教联合体和行业产教融合共同体"，支持职业学校公开招聘行业企业业务骨干、优秀技术和管理人才任教，聘请企业工程技术人员、高技能人才、管理人员、能工巧匠等，采取兼职任教、合作研究、参与项目等方式到校工作，真正实现校企合作、产教融合。

首先，需要政府和相关行业机构真正构建产教融合的激励和保障机制，真正激发企业参与职业教育发展的内生动力，让企业真正成为与各类职教集团和公办职业院校合作举办混合所有制职业院校或二级学院（系部）核心参与的组织和机构。培养农村所需人才，按照农业发展需求设置专业，根据产业发展需求培训农民。其次，深化校企融合机制，支持和引导企业深入参与职业院校的教育教学改革，充分利用企业优势，企业与职业院校联合建立实践育人基地，形成校企分工协作，共同研讨、共同实施、多元参与乡村振兴战略的建设的模式。

合理设置职业教育专业集群，精准对接乡村特色产业，以满足乡村产业人才需求为目标是职业教育助力乡村振兴的突破口。产业兴旺居于乡村振兴战略总要求的第一位。因此，乡村产业结构是职业教育服务乡村振兴的首选要素。职业院校的专业（群）设置、办学理念与当地的劳动力需求以及劳动力市场的发展趋势都要适应，专业建设和发展要定位于当地经济产业结构布局，更要根植于劳动力市场的需求侧趋势。同时，职业院校的课程建设与人才培养要紧密联系行业企业，共同开发教材，共同开展人才培养等。除此之外，还要深化产教融合和校企合作，协助搭建产业发展平台，发挥城乡职业教育共同体和职教集团的平台作用，各级政府、行业企业、农村集体经济组织等相互协同、共同为乡村振兴培养和输送人才、技术及资源等。

（三）构建支持乡村振兴战略共同体

2023 年中央一号文件《中共中央 国务院关于做好 2023 年全面推进乡村振兴重点工作的意见》强调，要"大力发展面向乡村振兴的职业教育，深化产教融合和校企合作"，体现了国家对职业教育办学定位和服务面向的新认识、新部署，为职业教育助力乡村振兴指明了方向。因此，无论是职业教育的教育属性和社会服务功能，还是职业教育与经济社会发展紧密联系的现实功能，都决定了职业教育在乡村振兴中具有不可或缺的作用，也理应成为推动乡村振兴的一股重要的教育动力。

1.体现职业教育服务乡村振兴的功能定位

职业教育服务乡村振兴战略是其天然的服务社会的属性决定的，作为与普通教育相并列的教育类型，有其鲜明的类型特色，就是要服务经济社会发展。因此，职业教育要通过政府主导，与行业企业等建立共同体，构建多方合作的政策机制。

在构建现代职业教育体系的过程中，职业教育不但要为乡村振兴培养大量的技能人才，而且还要注重开展培训，培养职业农民和乡村技术能手，同县、镇、村等建立健全职业教育培训体系，尽可能满足乡村振兴所需要的各类劳动群体的职业教育与培训需求，构建终身教育的服务体系。

2. 构建支持乡村振兴战略共同体的政策体系

乡村振兴是涉及多领域的国家战略，职业教育在乡村振兴战略的顺利实施中发挥重要作用。同样，乡村的建设和产业发展也为职业教育多维度发展提供了新思路、新方向。为了职业教育更好地发挥服务乡村振兴战略的作用，需要构建起完善的政策体系。第一，需要健全现代职业教育法律法规，明确职业教育服务乡村振兴的"应为"政策体系。新修订的《中华人民共和国职业教育法》明确提出，要"支持举办面向农村的职业教育""培养高素质乡村振兴人才"等内容，但具体落实层面的政策从中央到地方还没有很好地建立起来。《中华人民共和国乡村振兴促进法》作为实施乡村振兴战略的专门法，各条文规定不够具体化，可操作性也不够强。第二，需要进一步建立农业集团化、联盟化模式，实现城乡职业院校资源的共享与互促，促进城乡一体化融合发展，打破城乡地区、管理、培养的分隔状态，开展职业教育贯通培养——即中职与高职（3+2）5 年贯通、中职与职业本科或应用型本科 7 年（3+4）贯通、高职专科与职业本科或应用型本科 5 年（3+2）贯通培养，形成"农村职业学校 + 城市职业院校 + 行业企业"三者融合的办学模式，增强职业教育的吸引力。第三，建议进一步明确政策执行者。乡村振兴战略是涉及多个领域、多个部委的国家层面的战略，职业教育涉及教育、发展改革、人社、财政等多个部门，两者都要求高协同性。国家层面已经建立了职业教育部际联席制度，各省级层面也大多建立起部门联席制度，但执行效果并不太好。职业教育服务乡村振兴政策体系的制定者、执行者之间的隶属关系更为复杂。因此，要有效发挥职业教育服务乡村振兴的综合作用，必须整合职业教育的区域资源优势，构建区域城乡职业教育一体化发展机制。

3. 提升支持乡村振兴战略共同体的协同合力

自从中共中央、国务院 2018 年发布《关于实施乡村振兴战略的意见》提出质量兴农战略，构建农村一、二、三产业融合发展体系之后，中共中央办公厅、国务院办公厅在 2021 年印发了《关于加快推进乡村人才振兴的意见》中就明确提出，要加快培养农业生产经营人才、农村二、三产业发展人才、农业农村科技人才等，并充分发挥各类主体在乡村人才培养中的作用，这说明国家从政策层面对协同育人提出了新要求。职业教育政策的执行必须以政府的宏观统筹为基本保障，职业教育服务乡村振兴政策的贯彻落实需要构建政府主导、社会协同、学校参与的联合机制。从国家层面，要加强制度设计规划，宏观调配涉农资源要素管理，将农村职业教育纳入产业规划的总体规划，实现各主体间的共融共通。从地方层面，要因地制宜推进地方立法，省、市、县三级政府要切实履行相应职责，研制和落实产教融合、校企合作的具体办法。从社会层面，聚焦农科教、产学研的深度融合。不仅要遵循产业链与技术链、教育链与人才链之间的衔接规律，还要遵循乡村产业发展和职业教育供给要求，充分发挥科技引领创新的功能，利用信息技术资源带动农村产业的不断转型升级，满足涉农科技创新要素的新需求，引发农业生产、经营方式的变革，开展智慧农业等新技术的研究与推广，整合农业、科技和教育等部门资源，真正实现质量兴农战略。从学校层面，建设"1+N"专业集群，打破各专业的单一人才培养模式，基于现代农业产业群建立"1+N"专业群，并根据现代农业产业群的岗位需求建设关联度强的"农业 +"专业课程融合体系，积极挖掘课程的外部资源供给，实现"一专多能"的人才培养格局。职业教育服务乡村振兴政策必然要将职业教育的"应然"与乡村的"实然"有机结合，关注多元主体，以人为本，统整职业教育系统的内外部力量，建构多元协同的职业教育类型，满足乡村振兴的需要。

第八章

应然延伸：产教融合背景下
职业教育服务乡村振兴的愿景

一、聚人才，积极打造乡村人才培养链

　　乡村振兴，人才为要。在乡村"五个振兴"中，人才振兴占据重要地位。近年来，随着国家城镇化与工业化大力推进，大量人才从农村涌入城市，乡村发展人才匮乏，中西部地区尤为突出。虽然近年来各项利农惠农政策使乡村迎来越来越多的创业者，但总体而言，人才问题依然是乡村振兴战略实施中亟待解决的难题。《中共中央 国务院关于实施乡村振兴战略的意见》强调，实施乡村振兴战略，必须破解人才瓶颈制约。乡村振兴的人才支撑，实质上是要打造具有现代农业意识与技能的新型从业者。在教育经费分配方面，应大力向农村倾斜，提高农村基础教育水平。乡村振兴战略的实施，农业农村现代化的实现，迫切要求各个要素实现良性循环。为此，必须激发乡村振兴的内生动力，重视人才培训。乡村振兴的人才支撑，实质上是要打造具有现代农业意识与技能的新型从业者。在教育经费分配方面，应大力向农村倾斜，提高农村基础教育水平。城市应开放优质教育资源，中小学通过远程教育共享优质教师资源，高等院校、职业技术院校的学科建设和专业设置应高度重视农村实用人才和农村专业技术人才的培养。同时，鼓励农民积极参加各种形式的技能培训，引导相关领域

的专业技术人才深入农村现场培训和指导农民从事新型农业以及农副产品加工业等，切实帮助农民增产增收。

二、兴文化，重塑乡村文化之魂

乡村文化振兴，是实现乡村振兴过程中乡村群众主体意识觉醒、解放思想、提升综合素质的关键一环，是推进中国特色社会主义核心价值观融进村民文化思想和价值观念的有力抓手，也是实现中华优秀传统文化走向复兴的伟大举措。实现乡村文化振兴，就要求我们把握乡村文化的构成要素，因地制宜地挖掘地方特色传统文化，因时制宜地结合新时代中国特色社会主义文化，利用好现代科技手段，在挖掘、创新、宣传、推广等诸多环节节节发力，推动乡村文化发展。

三、创文明，留住青山绿水乡愁

乡村生态振兴是一个复杂的系统性工程，需要多方力量的共同努力，更好地展现新时代中国乡村的独特魅力。要科学把握乡村的差异性，因村制宜，精准施策，打造各具特色的现代版"富春山居图"。践行绿水青山就是金山银山的发展理念，保持乡村韵味、彰显乡村特色、传承乡村传统、推动乡村转型，通过建设生态宜居的美丽乡村，满足人民群众对美好生活的向往与期待。乡村生态振兴是一项复杂的系统性工程，需要多方力量的共同努力，更好地展现新时代中国乡村的独特魅力。

水光山色与人亲，绿水青山适宜居。建设美丽乡村，打造绿色宜居乡村，以生态振兴助力乡村发展已成为新时期新农村建设的真实写照。加快美丽乡村建设，以垃圾污水治理、改厕和村容村貌提升为重点，着力补齐短板。打造生态文明乡村建设，注重保护乡村生态环境、开发乡村生态资源、打造乡村生态文化，从环境、资源和文化入手，培育富有地方特色和时代精神的乡贤文化，发挥乡贤在乡村振兴特别是生态文明建设中的积极作用。在推进美丽乡村的过程中，加强特色农耕文化的保护、历史古村落的修复工作，积极推动乡村优秀传统文化的传承。

四、强组织，打造健全乡村治理共同体

组织振兴是乡村振兴的根本保障。乡村作为一个完整的社会系统，其稳定取决于组织要素结构的稳定。组织振兴要求法治、德治、自治"三治融合"，严守法律红线、道德底线，强化理想信念和社会主义核心价值观教育，要用科学的理论武装人、正确的舆论引导人、先进的文化塑造人，增强防毒、排毒、解毒的能力。强化民主自治的法规、制度建设，运用法治、制度管事、管人，能够及时发现错误，能够通过系统自身的力量纠正错误，保证社会的稳定。组织振兴代表着具有较高的社会综合治理水平、应急处治能力和水平，有利于对社会各类风险的防范，实现乡村平安。坚持以人民为中心的发展理念，满足人民对美好生活的需要是乡村组织振兴的根本目标。组织振兴坚持系统、整体、协调的发展论，把握主要矛盾、抓住关键环节、聚集主攻方向，可以实现乡村有序发展。组织振兴可以营造良好的发展环境、良好的市场秩序，推进乡村经济、社会的健康发展，实现乡村振兴。

参考文献

一、英文文献

[1] Sen A., Development As Freedom. Oxford : Oxford University Press，1999.

[2] Marshall A., Principles Of Economics（8thEd.）.London : Macmillan，1920.

[3] Lucas R. E., Studies In Business-Cycle Theories. Cambridge，MA : MIT Press，1981.

[4] Romer P.M., Increasing returns and long-run growth. Journal Of Political Economy，Vo.94，No.5，1986.

二、学术著作

[1] 马克思，恩格斯.中共中央马克思恩格斯列宁斯大林著作编译局译.马克思恩格斯全集 [M].北京：人民出版社，1972：210.

[2] 毛泽东.目前形势和我们的任务，毛泽东文选 [C].北京：人民出版社，1991：6.

[3] 中共中央宣传部.习近平新时代中国特色社会主义学习问答 [A].北京：学习出版社，人民出版社，2021（2）：261-262.

[4] [以]A. 莱维主编 . 从立新，赵静译审 . 教育大百科全书（课程）[C]. 重庆：西南师范大学出版社，2011（4）：407.

[5] 河南省社会科学院课题组 . 全面推进乡村振兴加快农业农村现代化——2021 ～ 2022 年河南省农业农村发展形势分析与展望 [A]// 李同新，陈明星，宋彦峰主编 .《河南蓝皮书：河南农业农村发展报告（2022）[M]. 北京：社会科学文献出版社，2021：1–24.

[6] [德] 赫尔曼·哈肯 . 协同学——大自然构成的奥秘 [M]. 上海：上海译文出版社，2001：2.

[7] 孙中一 . 耗散结构论·协同论·突变论 [M]. 北京：中国经济出版社，1989：41.

[8] 俞可平 . 治理与善治 [M]. 北京：社会科学文献出版社，2000:8–9.

[9] [美] 舒尔茨 . 改造传统农业 [M]. 北京：商务印书馆，1999：182.

[10] 毛泽东 . 论联合政府，《毛泽东选集》（第三卷）[C]. 北京：人民出版社，1991：1076.

[11] 全球治理委员会 . 我们的全球伙伴关系 [M]. 长春：吉林人民出版社，2001：23.

[12] 王宏昌 . 林少宫编译 . 诺贝尔经济学奖金获得者演讲集（中册）[M]. 北京：中国社会科学出版社，1997：69.

三、期刊论文

[1] 何水 . 协同治理及其在中国的实现——基于社会资本理论的分析 [J]. 西南大学学报（社会科学版），2008（03）：102–106.

[2] 叶敬忠 . 乡村振兴战略：历史沿循、总体布局与路径省思 [J]. 华南师范大学学报（社会科学版），2018（02）：64–69+191.

[3] 朱德全，沈家乐 . 职业教育服务乡村振兴的经济逻辑：新内源性动能与作

用机理 [J]. 教育与经济, 2022, 38 (03): 25-34.

[4] 李汉卿. 协同治理理论探析 [J]. 理论月刊, 2014 (01): 138-142.

[5] 董梅, 祝成林. 职业教育服务乡村振兴政策的变迁与展望——基于历史制度主义视角 [J]. 教育与职业, 2023 (07): 13-20.

[6] 罗春娜, 李胜会. 中国乡村振兴的动力因素研究——基于教育的视角 [J]. 宏观经济研究, 2020 (08): 105-117+145.

[7] 黄巨臣. 乡村振兴中的农村教育扶贫政策: 价值意蕴、实践困境与推进路径——基于"权力—技术—组织"的分析框架 [J]. 教育与经济, 2019 (06): 18-26.

[8] 杨璐璐. 乡村振兴视野的新型职业农民培育: 浙省个案 [J]. 改革, 2018 (02): 132-145.

[9] 王轶, 熊文, 赖德胜. 乡村振兴战略下返乡农民教育收益与收入不平等——基于比较分析的视角 [J]. 教育研究, 2019, 40 (09): 120-138.

[10] 叶兴庆. 新时代中国乡村振兴战略论纲 [J]. 改革, 2018 (01): 65-73.

[11] 马建富, 吕莉敏. 乡村振兴背景下贫困治理的职业教育价值和策略 [J]. 苏州大学学报 (教育科学版), 2019, 7 (01): 70-77.

[12] 孙皖江, 陈芳洁. 乡村振兴战略背景下的农村精准扶贫探讨 [J]. 西南林业大学学报 (社会科学), 2019, 3 (01): 7-11.

[13] 谢元海, 闫广芬. 乡村职业教育的应然价值取向: 生计、生活与生态——以乡村振兴战略为视角 [J]. 教育发展研究, 2019, 39 (01): 10-16+39.

[14] 程方平. 教师保障: 乡村教育振兴的基石 [J]. 教育研究, 2018, 39 (07): 84-86.

[15] 王慧. 产教融合: 农村职业教育发展方向 [J]. 教育研究, 2018, 39 (07): 82-84.

[16] 黄祖辉. 准确把握中国乡村振兴战略 [J]. 中国农村经济, 2018 (04): 2-12.

[17] 刘彦随. 中国新时代城乡融合与乡村振兴 [J]. 地理学报, 2018, 73 (04): 637-650.

[18] 刘云生. 经济转向高质量发展阶段: 教育怎么办 [J]. 教育发展研究, 2018,

38（11）：1-10.

[19] 高岳涵，王琪.民族地区职业教育如何赋能乡村振兴[J].中南民族大学学报（人文社会科学版），2022，42（09）：165-172+188.

[20] 霍登煌，张伟.职业教育高质量发展与乡村振兴同频共振的动力基础、互构逻辑和实现路径[J].职业技术教育，2022，43（25）：53-59.

[21] 陈建明，张理剑.职业教育嵌入乡村振兴共生发展的研究[J].教育与职业，2022，1014（14）：103-107.

[22] 叶蓓蓓，冯淑慧.中等职业教育高质量发展与乡村振兴的耦合协调：评价与对策[J].国家教育行政学院学报，2022，295（07）：55-64.

[23] 汤晓宁.持续加强面向农业农村的职教助力乡村振兴[J].中国农业资源与区划，2022，43（06）：139+161.

[24] 朱德全，沈家乐.职业教育服务乡村振兴的经济逻辑：新内源性动能与作用机理[J].教育与经济，2022，38（03）：25-34.

[25] 丁丽华.职业教育助力乡村振兴实践研究[J].中国农业资源与区划，2022，43（05）：65+73.

[26] 王思瑶，马秀峰.逻辑与理路：乡村振兴背景下职业教育赋能高素质农民技术能力[J].中国职业技术教育，2022，811（15）：47-54.

[27] 祝成林，褚晓.职业教育服务乡村振兴的文献综述及研究展望[J].教育与职业，2022，1010（10）：5-11.

[28] 李强.十八大以来我国职业教育扶贫核心议题与发展愿景——基于CiteSpace知识图谱的可视化分析[J].成人教育，2022，42（05）：63-71.

[29] 吕鲲鲲.乡村振兴背景下农村职业教育现代化：自信危机与价值重塑[J].职业技术教育，2022，43（13）：61-66.

[30] 石献记，朱德全.职业教育服务乡村振兴的多重制度逻辑[J].国家教育行政学院学报，2022，292（04）：43-51+95.

[31] 李荣胜.乡村振兴背景下职业教育产教融合发展路径研究[J].中国高等教育，2022，688（07）：59-61.

[32] 劳赐铭. 职业教育服务乡村振兴产业人才培养的需求、困境与策略 [J]. 职业技术教育，2022，43（10）：59-65.

[33] 涂三广，王浙. 我国职业教育服务乡村振兴模式及特征——基于职业院校233 个乡村振兴案例的研究 [J]. 中国职业技术教育，2022，806（10）：19-25.

[34] 唐智彬，杨儒雅. 职业教育助推乡村发展的国际经验与启示 [J]. 中国职业技术教育，2022，806（10）：26-33.

[35] 易红梅，刘慧迪，邓洋等. 职业教育与农业劳动生产率提升：现状、挑战与政策建议 [J]. 中国职业技术教育，2022，806（10）：34-41.

[36] 高树平，吴巧洋. 定向培训：职业教育在民族地区脱贫攻坚与乡村振兴衔接中的发展进路 [J]. 教育与职业，2022，1005（05）：28-34.

[37] 谭绍华，李同同，谭多宁. 黄炎培乡村改进实践对职业教育服务乡村振兴的启示 [J]. 教育与职业，2022，1004（04）：28-34.

[38] 赵红霞，朱惠. 职业教育提质增量对促进乡村振兴的门槛效应分析——以经济发展水平为门槛变量 [J]. 教育学术月刊，2022，355（02）：104-112.

[39]. 朱德全. 职业教育服务乡村振兴的技术逻辑与价值旨归 [J]. 职业技术教育，2022，43（03）：31.

[40] 杨顺光. 职业教育助力乡村振兴的逻辑起点、关键任务与行动策略 [J]. 教育发展研究，2022，42（01）：47-52.

[41] 胡茂波，谭君航. 职业教育类型发展与乡村振兴耦合的逻辑、纽带与路径 [J]. 教育与职业，2022，1001（01）：13-20.

[42] 孙红霞. 高等职业教育助力西北偏远地区乡村振兴的路径研究 [J]. 农业经济，2021，416（12）：107-108.

[43] 朱德全，曹渡帆. 职业教育服务乡村振兴的空间逻辑——基于对乡村空间分异格局的审视 [J]. 职教论坛，2021，37（11）：30-35.

[44] 林克松，刘璐璐. 后扶贫时代职业教育服务乡村振兴的角色困境及行动策略 [J]. 职教论坛，2021，37（11）：36-42.

[45] 梁裕，韦大宇. 职业教育服务乡村产业振兴的内在逻辑、实践困境与实现

路径 [J]. 教育与职业，2021，998（22）：35–40.

[46] 祁占勇，王晓利 . 农村职业教育培育新型职业农民的现实困顿与实践路向 [J]. 陕西师范大学学报（哲学社会科学版），2021，50（06）：126–136.

[47] 梁小军，胡多 . 相对贫困治理中的职教扶贫：目标转向与实践逻辑 [J]. 职教论坛，2021，37（10）：145–151.

[48] 王志远，朱德全 . 职业教育服务乡村振兴政策的历史流变与时代趋向 [J]. 国家教育行政学院学报，2021，286（10）：66–75.

[49] 付国华，张浩瑜，冯丽 . 职业教育服务乡村全面振兴的实践困境与优化路径 [J]. 职业技术教育，2021，42（29）：11–14.

[50] 胡彩霞，檀祝平 . 高职教育赋能乡村振兴的意义、困境及路径 [J]. 职业技术教育，2021，42（28）：68–73.

[51] 马青，马琪 . 后脱贫时代职业教育反贫困：积累性优势、发展性挑战与持续性路径 [J]. 河北师范大学学报（教育科学版），2021，23（05）：95–101.

[52] 朱德全，王志远 . 协同与融合：职业教育服务乡村振兴的逻辑理路 [J]. 陕西师范大学学报（哲学社会科学版），2021，50（05）：114–125.

[53] 任爱珍，徐坚 . 后扶贫时代职业教育精准扶贫的长效机制 [J]. 教育学术月刊，2021，350（09）：52–57+111.

[54 杨磊，朱德全 . 民族地区职业教育与乡村振兴耦合机制研究 [J]. 西南大学学报（社会科学版），2021，47（05）：141–149.

[55] 赵国锋 . 陕西职业教育服务乡村振兴的问题及对策 [J]. 教育与职业，2021，991（15）：19–25.

[56] 曾升科，曹毅，韩春燕 . 乡村振兴产业学院：制度设计、困境与形成路径 [J]. 中国职业技术教育，2021，782（22）：76–80.

[57] 张慧青，邵文琪 . 乡村振兴背景下职业教育人才培养：模式构建与路径选择 [J]. 中国职业技术教育，2021，782（22）：81–86.

[58] 朱德全，杨磊 . 职业教育服务乡村振兴的贡献测度——基于柯布 – 道格拉斯生产函数的测算分析 [J]. 教育研究，2021，42（06）：112–125.

[59] 马建富，蔡巧燕．助力乡村人才振兴：职业教育发展的理念、作为与策略 [J]．职业技术教育，2021，42（18）：7-12．

[60] 李芳．职业教育固脱防返的内在逻辑与政策框架——基于"三区三州"的调研 [J]．教育发展研究，2021，41（11）：9-15+46．

[61] 田真平，高鹏．职业教育助力乡村产业振兴的实践困境和服务模式 [J]．教育与职业，2021，985（09）：5-10．

[62] 马玉玲，戴晓慧，闫志利．乡村振兴背景下乡村技能形成体系构建研究——基于布迪厄"场域理论"的阐释 [J]．职业技术教育，2021，42（13）：52-58．

[63] 瞿晓理．职业教育"赋能"乡村振兴：实践与优化 [J]．职业技术教育，2021，42（13）：59-64．

[64] 王屹，梁晨．以教兴乡：新时期城乡职业教育以何而为？——基于城乡关系的前世今生考量 [J]．中国职业技术教育，2021，769（09）：62-69．

[65] 林克松，曹渡帆，吴永强．从脱贫攻坚到乡村振兴：职业教育扶贫的回顾与展望 [J]．职教论坛，2021，37（03）：6-13．

[66] 吴兆明．职业化进程中农民职业教育与培训研究回顾、热点与趋势 [J]．成人教育，2021，41（03）：58-66．

[67] 赵丹丹．农村职业教育与农村经济振兴的深度融合——评《乡村振兴与农村职业教育变革》[J]．中国瓜菜，2021，34（03）：135-136．

[68] 吉文林，苏治国，王周锁等．升级改造专业目录 精准服务乡村振兴——《职业教育专业目录（2021年）》农林牧渔大类解析 [J]．中国职业技术教育，2021，767（07）：15-19+40．

[69] 瞿连贵，石伟平，李耀莲．乡村人才振兴视野下职业教育的功能定位及实践指向 [J]．中国职业技术教育，2021，766（06）：50-56．

[70] 王柱国，尹向毅．乡村振兴人才培育的类型、定位与模式创新——基于农村职业教育的视角 [J]．中国职业技术教育，2021，766（06）：57-61+83．

[71] 杨勇，康欢．五维合一：职业教育助力乡村振兴的价值坐标 [J]．中国职业

技术教育，2021，763（03）：54-60.

[72]朱德全，石献记.职业教育服务乡村振兴的技术逻辑与价值旨归[J].中国电化教育，2021，408（01）：41-49.

[73]袁利平，姜嘉伟.关于教育服务乡村振兴战略的思考[J].武汉大学学报（哲学社会科学版），2021，74（01）：159-169.

[74]陈春霞.乡村精英再造：农村职业教育的作用场域与策略[J].中国职业技术教育，2020，760（36）：47-52.

[75]张祺午.面向"十四五"：在新的起点上加快发展高质量的农村职业教育[J].职业技术教育，2020，41（33）：1.

[76]肖幸，杨春和.生态宜居：职业教育"生态+"教育的逻辑框架[J].国家教育行政学院学报，2020，275（11）：80-87.

[77]林克松，王官燕，赵学斌.县域职业教育发展与乡村文化振兴的双螺旋耦合[J].教育与职业，2020，968（16）：27-34.

[78]沈军，陈慧.治理有效：职业教育助推乡村振兴的路径改革[J].国家教育行政学院学报，2020，272（08）：19-24+76.

[79]梁宁森.乡村振兴战略背景下农村职业教育的困境、机遇与优化路径[J].高等工程教育研究，2020，183（04）：157-162.

[80]唐智彬，郭欢.作为乡村"治理术"的农村职业教育：内涵与路径[J].教育发展研究，2020，40（21）：75-82.

[81]张旭刚.乡村振兴战略下农村职业教育产教融合发展的国际比较与路径[J].教育与职业，2020，966（14）：80-87.

[82]祁占勇，王羽菲.乡村振兴战略背景下农村职业教育现代化的指标体系与行动逻辑[J].西南大学学报（社会科学版），2020，46（04）：67-77+194.

[83]徐小容，李炯光，苟淋.产业振兴：职业教育与乡村产业的融合机理及旨归[J].民族教育研究，2020，31（03）：11-15.

[84]陈亮，陈章，沈军.组织振兴：职业教育的"应为"与"何为"[J].民族教育研究，2020，31（03）：31-34.

[85] 朱德全 . 乡村"五大振兴"与职业教育融合发展 [J]. 民族教育研究，2020，31（03）：10.

[86] 林克松，袁德桅 . 人才振兴：职业教育"1+N"融合行动模式探索 [J]. 民族教育研究，2020，31（03）：16-20.

[87] 周永平，杨和平，杨鸿 . 文化振兴：职业教育融合赋能机制构建 [J]. 民族教育研究，2020，31（03）：21-25.

[88] 蒋成飞，朱德全，王凯 . 生态振兴：职业教育服务乡村振兴的生态和谐"5G"共生模式 [J]. 民族教育研究，2020，31（03）：26-30.

[89] 张祺午 . 加快现代农业人才培养 做好乡村振兴大文章 [J]. 职业技术教育，2020，41（15）：1.

[90] 祁占勇，王志远 . 乡村振兴战略背景下农村职业教育的现实困顿与实践指向 [J]. 华东师范大学学报（教育科学版），2020，38（04）：107-117.

[91] 熊飞，甘海琴 . 乡村振兴视域下农村职业教育"内卷化"破解路径 [J]. 职教论坛，2020，716（04）：148-153.

[92] 闫瑞 . 乡村振兴视域下农村职业教育的逻辑必然、实践困境及支持策略 [J]. 农业经济，2020，395（03）：124-125.

[93] 周永平，杨和平，沈军 . 乡村振兴与协同治理：职业教育"CCEFG"联动共生模式的探索实践 [J]. 中国职业技术教育，2020，731（07）：14-20.

[94] 卢文凤，徐小容，赵福奎 . 困境与突破：职业教育助推乡村振兴的实践偏差与模式创新 [J]. 中国职业技术教育，2020，731（07）：21-27.

[95] 王官燕，林克松 . 嵌入、脱嵌与再嵌：贫困县域职业教育服务乡村振兴的逻辑、困局及突破 [J]. 职业技术教育，2020，41（07）：60-65.

[96] 秦程现，杨嵩 . 乡村振兴视角下新型职业农民培育现状及应对策略 [J]. 职业技术教育，2020，41（07）：54-59.

[97] 马宽斌，黄丽丽 . 乡村振兴战略：农村职业教育改革与发展新动能 [J]. 成人教育，2020，40（02）：47-51.

[98] 柯婧秋，石伟平 . 乡村振兴背景下县级职教中心功能定位的困境与出路

[J]. 教育与职业，2020，954（02）：12-19.

[99] 吴一鸣 . 乡村振兴中职业教育的"角色"担当 [J]. 现代教育管理，2019，356（11）：106-110.

[100] 石丹淅 . 新时代农村职业教育服务乡村振兴的内在逻辑、实践困境与优化路径 [J]. 教育与职业，2019，948（20）：5-11.

[101] 李俊衡，颜汉军 . 乡村振兴战略下职业教育精准扶贫的机理、目标逻辑与路径 [J]. 教育与职业，2019，948（20）：12-18.

[102] 张旭刚 . 乡村振兴战略下农村职业教育产教融合发展动力机制研究 [J]. 教育与职业，2019，948（20）：19-26.

[103] 谢元海，杨燕萍 . 乡村振兴背景下的乡村职业教育发展路径研究——基于县域经济发展的职业教育需求分析 [J]. 成人教育，2019，39（10）：52-56.

[104] 张旭刚 . 乡村振兴视阈下农村职业教育产教融合生态圈构建 [J]. 职业技术教育，2019，40（28）：59-65.

[105] 刘顺霞，辛夏夏，闫志利 . 新时期河南省职业教育精准扶贫模式优化及路径选择 [J]. 教育与职业，2019，946（18）：11-16.

[106] 刘畅 . 农业职业教育在乡村振兴战略中的作用——评《农业职业教育结构问题研究》[J]. 中国食用菌，2019，38（08）：32.

[107] 马建富，陈春霞 . 补齐乡村振兴短板：职业教育和培训精准扶贫的价值追求与推进策略 [J]. 职业技术教育，2019，40（21）：14-20.

[108] 田真平，王志华 . 乡村振兴战略下职业教育与农村三产融合发展的耦合 [J]. 职教论坛，2019，707（07）：19-25.

[109] 马建富 . 乡村振兴战略下的县域职业教育和培训体系建构 [J]. 职教论坛，2019，706（06）：30-37.

[110] 佛朝晖，陈波，张平弟 . 职业教育主动服务乡村振兴战略的政策分析 [J]. 中国职业技术教育，2019，703（15）：60-66.

[111] 任胜洪，陈倩芸 . 乡村振兴战略中的职业教育治理路径——基于省级乡村振兴政策文本的分析 [J]. 中国职业技术教育，2019，703（15）：67-73.

[112] 李晶晶 . 乡村振兴背景下农村职业教育发展的三重维度 [J]. 农业经济，2019，385（05）：103-105.

[113] 谢元海，闫广芬 . 乡村振兴背景下的乡村职业教育发展研究——基于三种形式的乡村职业教育分析 [J]. 中国职业技术教育，2019，700（12）：70-75.

[114] 丁菲，曾丽芳，杨同华 . 信息技术服务乡村职业教育振兴的路径探索 [J]. 职教论坛，2019，704（04）：139-145.

[115] 张旭刚 . 乡村振兴战略下农村职业教育产教生态系统的失衡与平衡——基于教育生态学的视角 [J]. 职业技术教育，2019，40（10）：53-59.

[116] 朱成晨，闫广芬，朱德全 . 乡村建设与农村教育：职业教育精准扶贫融合模式与乡村振兴战略 [J]. 华东师范大学学报（教育科学版），2019，37（02）：127-135.

[117] 张志增 . 基于乡村振兴战略的农村职业教育改革创新策略 [J]. 中国职业技术教育，2019，695（07）：38-44.

[118] 徐珍珍，邵建东 . 乡村振兴战略背景下晏阳初平民教育和乡村建设的经验与启示 [J]. 中国职业技术教育，2019，694（06）：92-96.

[119] 曾阳 . 乡村振兴战略下职业教育服务城乡融合发展的路径研究 [J]. 国家教育行政学院学报，2019，254（02）：23-30.

[120] 卢彩晨，李朝晖 . 服务乡村振兴战略要搞好涉农培训——关于涉农培训的调研报告 [J]. 职教论坛，2019，701（01）：126-133.

[121] 马建富，郭耿玉 . 乡村振兴战略背景下农村职业教育培训的功能定位及支持策略 [J]. 职教论坛，2018，698（10）：18-24.

[122] 刘奉越 . 乡村振兴下职业教育与农村"空心化"治理的耦合 [J]. 国家教育行政学院学报，2018，247（07）：40-46.

[123] 王慧 . 产教融合：农村职业教育发展方向 [J]. 教育研究，2018，39（07）：82-84.

[124] 孙莉 . 乡村振兴战略下农村职业教育的改革与创新发展 [J]. 教育与职业，2018，917（13）：5-11.

[125] 唐智彬，石伟平，匡瑛.改革开放 40 年我国农村职业教育发展回顾与展望 [J].职业技术教育，2018，39（19）：55-61.

[126] 马建富.乡村振兴战略实现的职业教育机会与应对策略 [J].中国职业技术教育，2018，670（18）：5-11.

[127] 郑辉.乡村振兴战略下河南省农民职业教育体系建设研究 [J].宏观经济管理，2018，414（06）：69-75.

[128] 荣国丞，张祺午.全面服务乡村振兴和区域协调发展——全国县级职教中心联盟在石家庄成立 [J].职业技术教育，2018，39（09）：19-20.

[129] 张祺午.服务乡村振兴亟待补齐农村职教短板 [J].职业技术教育，2017，38（36）：1.

[130] 张志增.实施乡村振兴战略与改革发展农村职业教育 [J].中国职业技术教育，2017，650（34）：121-126.

[131] 亢犁，刘芮伶.哪类教育最有利于巩固脱贫攻坚成果——基于民族地区 1159 农户的微观调查 [J].中南民族大学学报（人文社会科学版），2021，41（08）：57-68.

[132] 苏小莉，张晓杰，蔡天聪.河南省高等职业教育提升发展研究 [J].济源职业技术学院学报，2019，18（01）：45-49.

[133] 刘奉越.乡村振兴下职业教育与农村"空心化"治理的耦合 [J].国家教育行政学院学报，2018（07）：40-46.

[134] 熊惠平.高职院校校地合作办学"二次下移"战略 [J].职教论坛，2018（08）：21-26.

[135] 王子南.职业教育助力精准扶贫的现实思考——以高等职业教育供给侧为出发点 [J].现代教育科学，2018（09）：27-31.

[136] 杨凌云.新时期高职院校服务"三农"发展的对策——以四川职业技术学院为例 [J].产业与科技论坛，2018，17（17）：133-135.

[137] 林靖.地市高职院校服务新型职业农民培养的路径建构研究——基于湖州职业技术学院个案 [J].产业与科技论坛，2018，17（19）：226-227.

[138] 廖远兵.地方高职院校继续教育如何服务乡村振兴战略——以广东河源职业技术学院为例 [J].高等继续教育学报，2018，31（04）：34-37.

[139] 常风华.高职高专教育在乡村振兴战略中的作用与作为探讨 [J].河南农业，2018（30）：8-9.

[140] 王万川，钱俊，潘毅.乡村振兴背景下高职院校提升农村电商人才有效供给研究 [J].淮北职业技术学院学报，2018，17（05）：17-20.

[141] 张孟.以对接新农村建设为导向的高职教育人才培养 [J].教育与职业，2017（24）：48-52.

[142] 丁广明，张军燕.实施乡村振兴战略与高职院校涉农专业创新创业教育 [J].职教通讯，2018（16）：55-58.

[143] 刘军.乡村振兴战略下农村职业教育的公共性危机及破解路径 [J].教育与职业，2018（13）：12-19.

[144] 张振华.高职教育服务乡村振兴战略存在的问题及对策研究 [J].河南教育（高教），2020（05）：16-19.

[145] 苏小莉，张晓杰，蔡天聪.河南省高等职业教育提升发展研究 [J].济源职业技术学院学报，2019，18（01）：45-49.

四、网站网址

[1] 高等教育学校（机构）数 [EB/OL].http：//www.moe.gov.cn/jyb_sjzl/moe_560/2021/quanguo/202301/t20230104_1038056.html.

[2] 高等教育学生数 [EB/OL].http：//www.moe.gov.cn/jyb_sjzl/moe_560/2021/quanguo/202301/t20230104_1038055.html.

[3] 第三次全国农业普查主要数据公报 [EB/OL].http：//www.stats.gov.cn/tjsj/tjgb/nypcgb/qgnypcgb/201712/t20171215_1563599.html.

[4] 第七次全国人口普查公报 [EB/OL].https：//www.gov.cn/guoqing/2021-05/13/

content_5606149.htm.

[5] 河南省统计局国家统计局河南调查总队 .2022 年河南省国民经济和社会发展统计公报 [EB/OL].https ：//www.henan.gov.cn/2023/03-23/2711897.html.

[6] 职业教育：大力培养技术技能人才 [EB/OL].http ：//www.moe.gov.cn/jyb_xwfb/s5147/202012/t20201225_507511.html.

[7] 南阳农业职业学院 [EB/OL]. http ：//www.nyca.edu.cn/1/xxgk.jhtml.

[8] 潍坊工商职业学院 [EB/OL]. http ：//www.wfgsxy.com/xygk/xyjj.htm.

[9] 海南省海口旅游职业学校 [EB/OL]. http ：//www.hkvts.cn/hkvts/2022-12/14/article_20221214150522299067.html.

[10] 吉林农业科技学院 [EB/OL]. https ：//www.jlnku.edu.cn/xxgk.htm.

[11] 甘 肃 农 业 职 业 技 术 学 院 [EB/OL]. https ：//www.gscat.edu.cn/home/page.thtml?channelId=10934.

[12] 安庆职业技术学院 [EB/OL]. https ：//www.aqvtc.edu.cn/636/list.htm.

[13] 嘉兴职业技术学院 [EB/OL]. https ：//www.jxvtc.edu.cn/xxzl/xxjj.htm.

[14] 广东碧桂园职业学院 [EB/OL]. https ：//www.bgypt.edu.cn/gaikuang/jianjie/.

[15] 河北旅游职业学院 [EB/OL]. https ：//www.hbly.edu.cn/xxgkai/xxjj.htm.

[16] 烟台职业学院 [EB/OL]. https ：//www.ytvc.edu.cn/xxgk/xxgk.htm.

[17] 铜仁职业技术学院 [EB/OL]. https ：//www.trzy.edu.cn/html/883/.

[18] 江西现代职业技术学院 [EB/OL]. http ：//www.jxxdxy.edu.cn/news-show-51642.html.

[19] 浙江商业职业技术学院 [EB/OL]. https ：//www.zjbc.edu.cn/27/list.htm.

[20] 广西电力职业技术学院 [EB/OL].https ：//www.gxdlxy.edu.cn/xygk/xyjj.htm.

[21] 沙洲职业工学院 [EB/OL]. https ：//www.szit.edu.cn/website/xxgk/001008/.

[22] 山东理工职业学院 [EB/OL]. http ：//www.sdpu.edu.cn/xygk/xyjj.htm.

[23] 清远市职业技术学校 [EB/OL]. https ：//www.qypt.edu.cn/xxgk1/xyjj.htm.

[24] 湄洲湾职业技术学院 [EB/OL]. https ：//www.fjmzw.com/introduce-5.html.

[25] 双辽市职业中专 [EB/OL]. http ：//www.shuangliao.gov.cn/sq/mssp/kjjy/202112/

t20211217_603065.html.

[26] 济南工程职业技术学院 [EB/OL]. https：//www.jngcxy.edu.cn/xxgk/xyjj.htm.

[27] 北京市昌平职业学校 [EB/OL]. http：//www.cpvs.com.cn/html/ycgoj.html.

[28] 重庆市垫江县职业教育中心 [EB/OL]. http：//www.djzj3nw.com/zyjy/zjzx/.

[29] 河南经贸职业学院 [EB/OL].https：//www.henetc.edu.cn/xxgk/xxgk.htm.

[30] 菏泽市曹县职业教育中等专业学校 [EB/OL]. http：//www.cxzyzz.cn/?about−1/.

[31] 兰州资源环境职业技术大学 [EB/OL]. https：//www.lzre.edu.cn/xxgk/xxjj.htm.

[32] 河南应用技术职业学院 [EB/OL]. https：//www.hati.edu.cn/xxgk/xxjj.htm.

[33] 贵州农业职业学院 [EB/OL].http：//www.gznyzyxy.cn/list.jsp?cItemId=16&itemId=3.

[34] 株洲师范高等专科学校 [EB/OL]. https：//www.zzyesf.net/xxjj.html.

[35] 兰州职业技术学院 [EB/OL]. https：//www.lvu.edu.cn/1415/list.htm.

[36] 北京农业职业学院 [EB/OL]. https：//www.bvca.edu.cn/nzgk/xyjj.htm.

[37] 重庆三峡职业学院 [EB/OL]. http：//www.cqsxedu.com/xygk/xxjj.htm.

[38] 河南工业职业技术学院 [EB/OL]. http：//www.hnpi.cn/xxgk/xxjj.htm.

[39] 河南农业职业技术学院 [EB/OL]. https：//www.hnca.edu.cn/xygk/xyjj.htm.

[40] 河南职业技术学院 [EB/OL]. https：//www.hnzj.edu.cn/xxgk1/xxjj1.htm.

[41] 黄河水利职业技术学院 [EB/OL]. https：//www.yrcti.edu.cn/xygk/xxjj.htm.

[42] 南阳农业职业学院 [EB/OL]. http：//www.nyca.edu.cn/1/xxjj.jhtml.

[43] 郑州旅游职业学院 [EB/OL]. https：//www.zztrc.edu.cn/xxgk1/xxjj.htm.

[44] 郑州信息科技职业学院 [EB/OL]. https：//www.techcollege.cn/content/277.html.

[45] 决胜全面建成小康社会 夺取新时代中国特色社会主义伟大胜利——习近平总书记在中国共产党第十九次全国代表大会上的报告 [EB/OL].https：//www.gov.cn/zhuanti/2017−10/27/content_5234876.htm.

[46] 中共中央 国务院印发《乡村振兴战略规划（2018 — 2022 年）》[EB/OL]. https：//www.gov.cn/zhengce/2018−09/26/content_5325534.htm.

[47] 国务院关于印发国家职业教育改革实施方案的通知 [EB/OL].https：//www.gov.cn/zhengce/content/2019−02/13/content_5365341.htm.

[48] 中共中央 国务院 关于加大改革创新力度 加快农业现代化建设的若干意见 [EB/OL].https：//www.gov.cn/zhengce/2015-02/01/content_2813034.htm.

[49] 高举中国特色社会主义伟大旗帜 为全面建设社会主义现代化国家而团结奋斗——习近平在中国共产党第二十次全国代表大会上的报告 [EB/OL]. https：//www.xuexi.cn/lgpage/detail/index.html?id=17478440677105407928&item_id=17478440677105407928.